＜特別支援教育＞
学びと育ちのサポートワーク 5

ソーシャルスキル

「柔軟性」アップ編

加藤博之 著

明治図書

は じ め に

　発達に遅れや偏りのある子どもが，スムーズに学習に取り組むためには，身につけておくべき基礎（土台）があります。土台があって初めて，いろいろな学習に乗ることができるのです。
　私は発達促進に必要な力を，以下の8つの柱としてまとめてみました。

　①身体を意識する力，②目と身体を使う力，③耳と身体を使う力，④記憶する力
　⑤模倣する力，⑥イメージする力，⑦概念形成の力，⑧協調性・社会性の力
　　　　　　　　　　（『発達の遅れと育ちサポートプログラム』加藤博之著，2009年，明治図書）

　これらは，①からほぼ順に進んでいくという流れはあるものの，実際には同時進行的に育てていくものが多く，それぞれが絡み合って①から⑧へと進んでいきます。特に，就学を考えた場合，②の視覚－運動系の力，手指の操作性を中心に，記憶，模倣，イメージ，そして概念形成へと高次化させていく必要があるでしょう。これらの活動によって身についた力が，教科学習（国語，算数）やコミュニケーション，社会性の発達へと結びついていくわけです。
　就学後においては，いわゆる小学校1～2年生レベルの課題を表面的に繰り返すだけでは不十分です。それでは，本来時間をかけて学ぶべき「鍵」となる学習内容を，一通りの経験で済ませ，結局何も身につかずに通り過ぎてしまうということになりかねません。だからこそ，私は一般的なカリキュラムにプラスして，重点的に行うべき項目を，できる限り早期に行うことを提案したいのです。

　本シリーズでは，発達に遅れやつまずきのある子どもたちを対象に，国語・算数・ソーシャルスキルのワークを通じて，学力や社会性を育てていくことを目標としています。一見して，よくある課題も見られますが，本書ではそれらをただ順番に行っていくのではなく，発達的な視点に基づいて，まず最初に何をやるべきか，その後つまずいたときにどこに戻るべきか，という内容を積極的に提案させていただいています。量をこなすよりも，限られた課題をうまく組み合わせ，発達的につなげていくことこそが，子どもを育てる大きな力となるわけです。

　最後に，本シリーズの執筆にあたり，発達支援教室ビリーブの発足当初からワークの作成を共にし，常に貴重なアドバイスをしていただいているパートナーである藤江美香さん（ビリーブ副代表），スタッフの橋本明里さん，茂木秀昭さんに，心よりお礼申し上げます。
　また，すでに7冊もの出版物の編集を担当していただき，本著の出版も勧めていただいた，明治図書出版の佐藤智恵さんの温かく熱意あるご援助に，心から感謝の意を表します。

　　　　　　　　　　　　　　　　　　　　　　　　　　　　　　　著者　加藤　博之

◆本書の構成と使い方

本書は，書く力や考える力を高めていくための課題をワーク形式でまとめたものです。

ワーク

タイトル

ワークの内容を示したタイトルが記してあります。より親しみが持てるよう，子ども用のタイトル（大文字）も設けています。

なまえ

枠内にバランスよく名前を書くことは，本ワークを行う子どもにとってとても大切な課題となります。

終わったらおたのしみ

プリントが終わったら，シールを貼ったり，色を塗ったりできる，おたのしみ欄を設けました。

ワークについて

ワークはほとんどが縦向きですが，一部横向きのものがあります。取り組む際，向きを変えていきましょう。

本ワークは学校で拡大コピー（Ａ４）してお使いください。特別な支援を必要とする子どもへの指導計画の作成や指導上の支援に生かしていただけるよう，解説ページを設けています。

解答＆解説

育つ力
この項目のワークで身につく力を示しています（学習面，発達面）。

使い方
ワークの進め方，指導のポイントをまとめています。

こんな子どもへの手立て
ワークを進める上で，つまずきを示す子どもへの手立てを具体的に示しています。

関連した活動
このワークをさらに深めるために，関連した学習や遊びを提案しています。

採点のポイント
具体的にどのように採点（評価）すればよいかを具体例で示しています。

解答（解答例）
問題によっては，解答が１つでないケースもあります。例として参考にしてください。

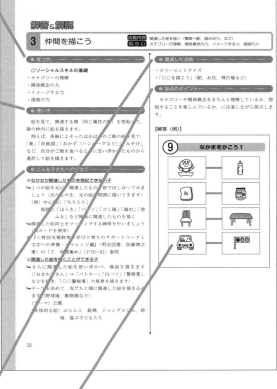

もくじ

- ❖ はじめに 3
- 📖 本書の構成と使い方 4

第1部　本書を活用するにあたって　9

第2部　ソーシャルスキル実践ワーク　11

1 あいさつのことば　11　　①～④のワーク

あいさつのことば1／あいさつのことば2／あいさつのことば3／あいさつのことば4

||| 解答＆解説 |||　15

2 くわしく書こう　17　　⑤～⑧のワーク

くわしくかこう1／くわしくかこう2／くわしくかこう3／くわしくかこう4

||| 解答＆解説 |||　21

3 仲間を描こう　23　　⑨～⑰のワーク

なかまをかこう1／なかまをかこう2／なかまをかこう3／なかまをかこう4／なかまをかこう5／なかまをかこう6／なかまをかこう7／なかまをかこう8／なかまをかこう9

||| 解答＆解説 |||　32

4 ○○のものを描こう　35　　⑱～㉔のワーク

『ふわふわのもの』をかこう／『しわくちゃのもの』をかこう／『グニャグニャのもの』をかこう／『ピカピカのもの』をかこう／『ヌルヌルのもの』をかこう／『ペラペラのもの』をかこう／『あつあつのもの』をかこう

||| 解答＆解説 |||　42

5 気持ちを考えよう　45　㉕〜㉛のワーク

きもちをかんがえよう１／きもちをかんがえよう２／きもちをかんがえよう３／きもちをかんがえよう４／きもちをかんがえよう５／きもちをかんがえよう６／きもちをかんがえよう７

||| 解答＆解説 |||　52

6 セリフを考えよう　55　㉜〜㊵のワーク

セリフをかんがえよう１／セリフをかんがえよう２／セリフをかんがえよう３／セリフをかんがえよう４／セリフをかんがえよう５／セリフをかんがえよう６／セリフをかんがえよう７／セリフをかんがえよう８／セリフをかんがえよう９

||| 解答＆解説 |||　64

7 人を描こう　67　㊶〜㊽のワーク

人をかこう１／人をかこう２／人をかこう３／人をかこう４／人をかこう５／人をかこう６／人をかこう７／人をかこう８

||| 解答＆解説 |||　75

8 ストーリーを考えよう　78　㊾〜㊼のワーク

ストーリーをかんがえよう１／ストーリーをかんがえよう２／ストーリーをかんがえよう３／ストーリーをかんがえよう４／ストーリーをかんがえよう５／ストーリーをかんがえよう６／ストーリーをかんがえよう７／ストーリーをかんがえよう８／ストーリーをかんがえよう９

||| 解答＆解説 |||　87

9 顔の表情　90　㊺〜㊽のワーク

いろいろなかお１／いろいろなかお２／いろいろなかお３／いろいろなかお４

||| 解答＆解説 |||　94

10 いろいろな場面を描こう　96　㊾〜㊿のワーク

いろいろなばめん（やすみじかん）／いろいろなばめん（プール）／いろいろなばめん（そうじ）／いろいろなばめん（えんそく）／いろいろなばめん（うんどうかい）／いろいろなばめん（とうこう）

||| 解答＆解説 |||　102

⑪ こんなときどうする　105　　㊿〜㊾のワーク

こんなとき どうする？１／こんなとき どうする？２／こんなとき どうする？３／こんなとき どうする？４／こんなとき どうする？５／こんなとき どうする？６／こんなとき どうする？７／こんなとき どうする？８／こんなとき どうする？９／こんなとき どうする？10／こんなとき どうする？11／こんなとき どうする？12

||| 解答＆解説 |||　117

⑫ 自分のこと，友だちのこと　121　　⑧〜㊿のワーク

じこしょうかい（おとこの子）／じこしょうかい（おんなの子）／ともだちのすきなところ（おとこの子）／ともだちのすきなところ（おんなの子）／ぼくときみ（おとこの子）／わたしとあなた（おんなの子）

||| 解答＆解説 |||　127

★ 本書を活用するにあたって

　子どもたちは，生活の中で日々たくさんのことを経験し，学んでいます。そして，さまざまなことに興味や関心を示し，吸収していきます。障がいのある子どもも，いろいろなことに興味を持ちかかわっていますが，典型的な発達を辿る子どもたちに比べ，興味の範囲が狭かったり，偏りが見られます。そのため，経験したことが必ずしも本物の力として身についているわけではないのです。一旦身につけた力を他の場面に広げていくということに「苦手さ」を抱えていると言えるのかもしれません。そして，それはそのまま障がい児の社会性の脆弱さ（ソーシャルスキルの弱さ）へとつながっているのです。

　ソーシャルスキルというと，まず「他者との関係や相互作用を巧みに行うために，練習して身につけた技能」（相川，2000　※）ということが考えられます。しかし，障がいのある子どもの多くは対人関係に少なからず課題を持っており，他者とつながるための練習や技能と言っても，そのこと自体が苦手であり，直接的に練習することの難しさがうかがわれます。そのため，ソーシャルスキルの意味を，もう少し広義に捉える必要があるのかも知れません。

　対人関係の周辺部分として，まずは，身辺自立や身辺ケアなどの基本的生活習慣が考えられます。そして，簡単なコミュニケーション力（あいさつ，相手との距離感，声の大きさの調整など）も重要な土台となると思われます。さらに，公共に関する知識（交通機関の使い方，電話，手紙，お金の使い方，お店での振る舞い方など）も不可欠な力として挙げられるでしょう。そして，最も大切であり，かつ身につけることが困難なこととして，筆者は，いろいろな相手とうまくつき合っていくための「潤滑油のようなもの」，すなわち，人と人をつなぐ「ほんわかとしたクッションのようなもの」を挙げたいと思います。成人した障がい者にとって，社会で最も必要な力は，仕事に関する知識や技能ではなく，職場の人たちとの関係性であることは多くの人が指摘するところです。仕事の休憩時間に，職場の先輩からお茶をおごってもらったときに，どのように振る舞うことができるか…。その対応の仕方で，勤務先での立場が大きく変わってくるということが，現実なのかも知れません。それは，筆者が所属するビリーブから社会に巣立った方たちを見ていても，強く実感しています。そして，このような柔軟で即興的な対応力は，当然のことながら，机上や教室内で学習していくだけでは不十分です。

　ソーシャルスキルの力はある程度技術的に学べる部分と，そうでない部分があります。前者は，できるだけ数をこなすことで，対応できる部分は増えてくるでしょう。また後者（柔軟な力）は短期間で身につけることは難しく，そのために，子どもは柔軟性と関係の深い「イメージする力」を養っていかなければなりません。それは，子どもが自由場面で豊かに遊んだり，即興的なごっこ遊びや相手と雑談する力などに，密接に結びついています。

　「イメージする力」の獲得には，例えば同じテーマを，少しずつ場面設定を変えながら体験することが有効です。少しの違いを経験することにより，子どもはパターン的な思考から徐々

に脱却することが可能になってくるのです。また，認知的な力を高めていくことも大切になってきます。見比べたり，見てイメージしたり，聴き比べたり，聴いてイメージしたり，記憶したり，模倣したりする力は，そのまま「イメージする力」の高まりに結びついてきます。さらに，人とのかかわりを高めていくことも重要な部分となってきます。人は，子どもも大人も「社会的な存在」です。どのようなときも，他者とのかかわりの中で生きており，予測のつきにくい「対人関係」という部分でやりとりを重ねていくことは，「イメージする力」そのものと言えるでしょう。そして，それらによって身についた力は，やがて対人関係の潤滑油となり，究極的には「ユーモアのセンス」（ユーモアを理解したり，ユーモアを表現したりする）にもつながっていくのだと考えます。相手の冗談をわかり，ユーモアたっぷりに振る舞うことができれば，大抵の場面で人はうまく生きていくことができるのです。

　すでに本シリーズの国語編や算数編（1～4巻）で「実体験」の大切さを述べてきましたが，このソーシャルスキル編では，そのことをより強調したいと思います。ワークの内容は，実際場面で行うための予習と復習であり，本番は常に学校生活や日常生活の中にある，ということを頭に入れ活用されることを願っています。

　さて，いよいよ本書に取り組むわけですが，学習方法や手立てについては各項目の解説を参考にしてください。最後にワークをスムーズに行うための配慮事項を紹介させていただきます。

◎ソーシャルスキルワークを行う際に配慮すること

- 最初のうちはあまり多く取り組ませず，やや少なめに提供していく
  （次回へのモチベーションにつなげていくため）
- 必ずしも最初から順番通りに行う必要はない
  （興味関心に応じて順番は前後しても構わない，まずはワークに慣れることを目標とする）
- ワークで行った内容と似た場面を，日常生活の中に設定していく
  （子どもに実際に演じさせる前に，まずは大人同士のやりとりを見せる，その後大人と演じさせ，だんだんと子ども同士のやりとり場面へと発展させていく）
- 子どもの考えとは別の視点の解答を，毎回提供していく
  （答えは一つではない，複数考えられるということを常に示していく）
- 一度行った課題でも，時期をずらして，繰り返し提供していく
  （解答の内容が変化することで，子どもの成長が見えてくる）
- 間違いを残しておくことを大切にする（国語学習にもつなげていく）
  （後で自分の間違いを振り返ることができる，消しゴムはできるだけ使わない）
- どのような小さな頑張りに対しても，積極的にほめていく
  （楽しい雰囲気の中で，成功体験を積み重ねることが，ワークに対する自信を深めさせる）

※相川充（2000）『人づきあいの技術―社会的スキルの心理学―』サイエンス社.

第2部　★ソーシャルスキル実践ワーク

1 あいさつのことば　**あいさつのことば1**

なまえ〔　　　　　　　　　　　　　　　　〕

1. ごはんを　食べるときにいうことば
「　　　　　　　　　　　　　　　　」

2. ごはんを　食べおわったときに　いうことば
「　　　　　　　　　　　　　　　　」

3. 朝，起きたときに　いうことば
「　　　　　　　　　　　　　　　　」

4. 夜，ねるときに　いうことば
「　　　　　　　　　　　　　　　　」

5. 家を　出るときに　いうことば
「　　　　　　　　　　　　　　　　」

6. 「ただいま」
「　　　　　　　　　　　　　　　　」

できたぞ！　　やったぁ！

② １ あいさつのことば　あいさつのことば２

なまえ [　　　　　　　　　　　　　　　　]

1．えんぴつを ひろってもらったときに
　　いうことば
　　「　　　　　　　　　　　　　　　　」

2．はじめて 会った人に いうことば
　　「　　　　　　　　　　　　　　　　」

3．お母さんが だいじにしている
　　お皿を わったときに いうことば
　　「　　　　　　　　　　　　　　　　」

4．人の家を たずねるときに いうことば
　　「　　　　　　　　　　　　　　　　」

5．友だちに けしごむを かしてほしい
　　ときにいうことば
　　「　　　　　　　　　　　　　　　　」

できたぞ！　　やったぁ！

③ １ あいさつのことば　あいさつのことば３

なまえ [　　　　　　　　　　　　　　　　　]

1. 人のへやに 入るときに いうことば
「　　　　　　　　　　　」

2. 人の家から 帰るときに いうことば
「　　　　　　　　　　　」

3. つれていた犬が 通りがかった人に いきなりほえてしまったときに いうことば
「　　　　　　　　　　　」

4. 電話が かかってきたときに 最初にいうことば
「　　　　　　　　　　　」

5. 家に帰ってきたときに 最初にいうことばと それを聞いて 家の人がいうことば
「　　　　　　　　　　　」
「　　　　　　　　　　　」

できたぞ！　やったぁ！

④ あいさつのことば４

<small>1 あいさつのことば</small>

なまえ [　　　　　　　　　　　　　　　　　]

1．お店に入ったときに お店の人に
　　最初にいわれることば
　「　　　　　　　　　　　　　　　」

2．人と待ち合わせを していて おくれて
　　しまったときに いうことば
　「　　　　　　　　　　　　　　　」

3．「どうも ありがとう」
　「　　　　　　　　　　　　　　　」

4．小さい子が 目の前でころんでしまっ
　　たときに いうことば
　「　　　　　　　　　　　　　　　」

5．夜，人に会ったときに いうことば
　「　　　　　　　　　　　　　　　」

できたぞ！　　やったぁ！

解答 & 解説

1 あいさつのことば

文章を読んで，あいさつのことばを書く
あいさつのことばの理解，あいさつのことばの適切な使い方の獲得，状況や場面の理解，他者視点

❋ 育つ力

◎ソーシャルスキルの基礎
- あいさつのことばの理解
- あいさつのことばの適切な使い方の獲得
- 他者視点
- 状況や場面の理解

❋ 使い方

文章を読み，その場にふさわしいあいさつのことばを書き込みます。実際の場面を思い浮かべながら，考えるとよいでしょう。

❋ こんな子どもへの手立て

☹ **適切なあいさつことばを想起できない子**
↪よく使われるあいさつのことばを中心に，どのようなときに使われるのかを，具体例を多く交えて説明しましょう
↪あいさつのことばのカード（「ありがとう」「ごめんなさい」など）を作り，指導者がいろいろな場面の話を聞かせながら，適切なカードを選択させましょう
（例）「あっ，ハンカチを落としましたよ」
　→「ありがとうございます」
　　「すみません」

☺ **場面に合ったあいさつのことばを書くことができる子**
↪2人組になって，やりとりを演じさせましょう
　（最初は指導者と一緒に，慣れてきたら子ども同士で演じさせます）
↪他児が演じている様子を見ながら，感想や意見を述べさせましょう
　（「もう少し，やさしい顔と声で『ありがとう』と言うといいんじゃないかな」など）
↪実際場面で，相手があいさつのことばを使っているのを聞いたり，自分でも使ってみましょう
↪学年が上がるにつれ，敬語を使うなど，相手やその場の状況に応じたあいさつができるよう，練習させましょう
　（ことばだけでなく，表情，おじぎ，相手の目を見るなど，動作を伴うあいさつも練習させます）

❋ 関連した活動

- 劇遊び（お店やさんごっこ）
- あいさつのことば調べ

❋ 採点のポイント

あいさつのことばをきちんと理解しているか，場面に応じたあいさつを行うことができたか，に注意しながら採点します。

【解答（例）】
　→次ページ

あいさつのことば1

1. ごはんを 食べるときにいうことば
   「いただきます」

2. ごはんを 食べおわったときに いうことば
   「ごちそうさま（でした）」

3. 朝，起きたときに いうことば
   「おはよう（ございます）」

4. 夜，ねるときに いうことば
   「おやすみなさい」

5. 家を 出るときに いうことば
   「行ってきます」

6. 「ただいま」
   「おかえりなさい」

 ## あいさつのことば2

1. えんぴつを ひろってもらったときに いうことば
   「ありがとう」

2. はじめて 会った人に いうことば
   「はじめまして」

3. お母さんが だいじにしている お皿を わったときに いうことば
   「ごめんなさい」

4. 人の家を たずねるときに いうことば
   「ごめんください」

5. 友だちに けしごむを かしてほしい ときにいうことば
   「けしごむを かしてください」

 ## あいさつのことば3

1. 人のへやに 入るときに いうことば
   「しつれいします」

2. 人の家から 帰るときに いうことば
   「おじゃましました（さようなら）」

3. つれていた犬が 通りがかった人に いきなりほえてしまったときに いうことば
   「すみません（ごめんなさい）」

4. 電話が かかってきたときに 最初にいうことば
   「もしもし（はい，○○です）」

5. 家に帰ってきたときに 最初にいうことばと それを聞いて 家の人がいうことば
   「ただいま」
   「おかえりなさい」

 ## あいさつのことば4

1. お店に入ったときに お店の人に 最初にいわれることば
   「いらっしゃいませ」

2. 人と待ち合わせを していて おくれてしまったときに いうことば
   「（おくれて）ごめんなさい」

3. 「どうも ありがとう」
   「どういたしまして」

4. 小さい子が 目の前でころんでしまったときに いうことば
   「だいじょうぶ（ですか）」

5. 夜，人に会ったときに いうことば
   「こんばんは」

ポイント

話し合いの中で，日常的に使うことばを想起させます。他にも解答例が考えられるでしょう（「けしごむをかしてください」→「けしごむをかしてくれる？」,「しつれいします」→「おじゃまします」など）。

⑤ ２ くわしく書こう　くわしくかこう１

なまえ [　　　　　　　　　　　　]

男の子

女の子

できたぞ！　やったぁ！

⑥ ２ くわしく書こう　くわしくかこう２

なまえ[　　　　　　　　　　]

| |
| |

おじさん

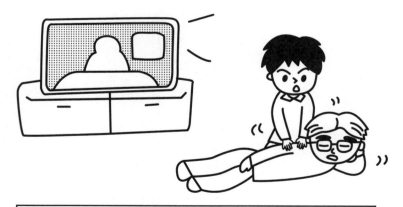

| |
| |

男の子

できたぞ！　　やったぁ！

2 くわしく書こう　**くわしくかこう３**

なまえ [　　　　　　　　　　　　　　　]

お母さん

チームのなかま

できたぞ！　やったぁ！

8 ② くわしく書こう　くわしくかこう４

なまえ [　　　　　　　　　　　　　　　]

女の子

お母さん

できたぞ！　やったぁ！

解答&解説

2 くわしく書こう

活動内容 絵を見ながら枠内を埋め，文章を完成させる
ねらい 文章の作成，場面を理解する力，イメージする力，他者視点，関係性の理解

❄ 育つ力

◎ソーシャルスキルの基礎
・文章の作成（作文の基礎）
・場面を理解する力
・イメージする力
・他者視点
・関係性の理解

❄ 使い方

絵を見ながら状況を理解し，適切な説明文を考えさせ，枠内に記入させます。
修飾語が長くなるときは，文章が不自然にならないよう，アドバイスを行いましょう。

❄ こんな子どもへの手立て

☹ **適切な修飾語がなかなか思いつかない子**
↪絵の特徴について，指導者と十分に話し合いましょう（登場人物の関係性について考えさせます。その際，喜んでいるのか，こまっているのか，悲しんでいるのか，など，主人公の感情面に気づかせましょう）
↪最初は，シンプルな文章を作成し，だんだんと内容を増やしていきましょう
　（例）〔お父さんを起こしている〕男の子
　　⇒〔ウトウトしているお父さんを起こしている〕男の子
　　⇒〔テレビを見ながらウトウトしているお父さんを起こしている〕男の子

☺ **スムーズに書けるようになった子**
↪完成したものをもとに，指導者や子どもたちと一緒に演じてみましょう（役割交代を行います）
↪この後，場面がどのように展開していくのかを話し合い，続きの絵を描かせましょう
↪登場人物を替えて，別のストーリーを作りましょう
　（例）〔こわそうな犬ににらまれて，今にも泣きそうな〕女の子
　　⇒〔こわそうな犬ににらまれて，どうしようかまよっている〕おにいさん

❄ 関連した活動

・日記，絵日記
・読書感想文
・劇遊び
・作文

❄ 採点のポイント

状況をきちんと理解しているか，他者にわかりやすい文を作成することができたか，に注意しながら採点します。

【解答（例）】
　→次ページ

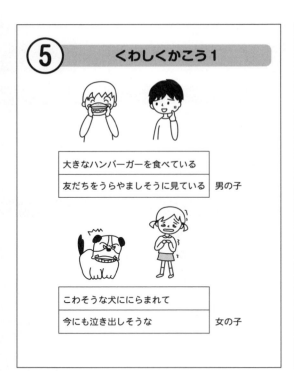

ポイント
相手（人や動物）との関係性をよく考えさせ，主体となる人物の心情を言語化させていきます（その人になりきって考えさせます）。

⑨ 3 仲間を描こう　なかまをかこう１

なまえ [　　　　　　　　　　　　　　　　　]

できたぞ！　やったぁ！

3 仲間を描こう　なかまをかこう3

なまえ [　　　　　　　　　　　　　　　]

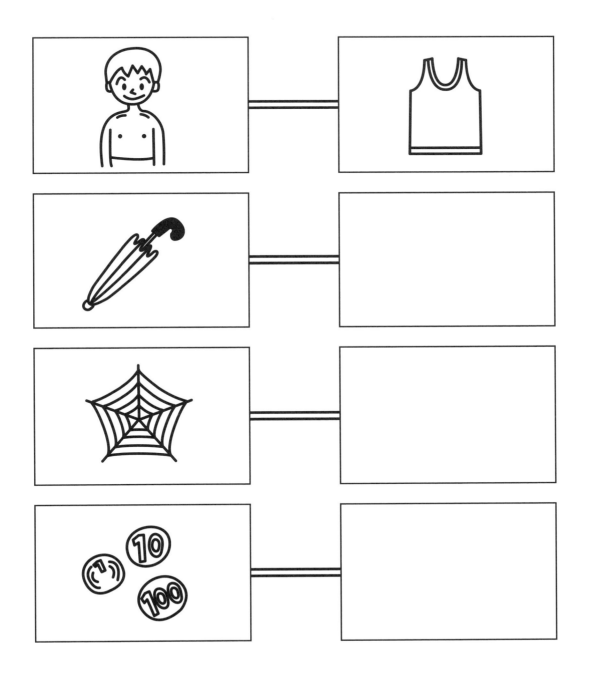

できたぞ！　やったぁ！

⑫ ３ 仲間を描こう　なかまをかこう４

なまえ [　　　　　　　　　　　　　]

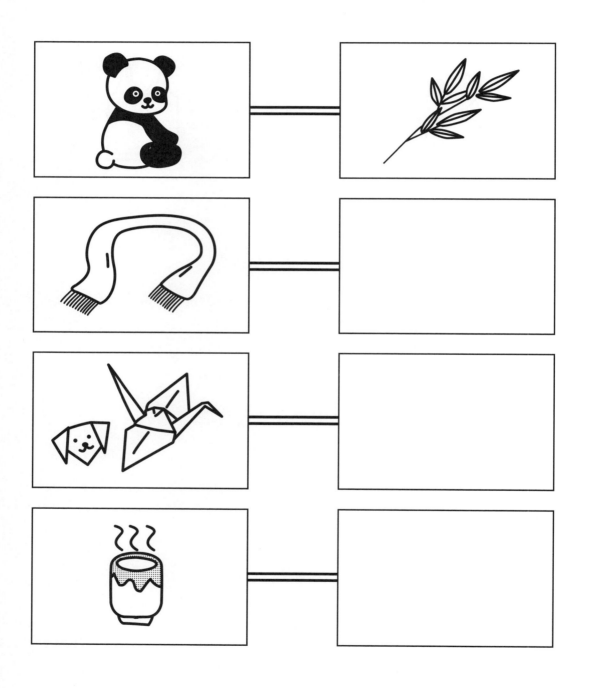

できたぞ！　　やったぁ！

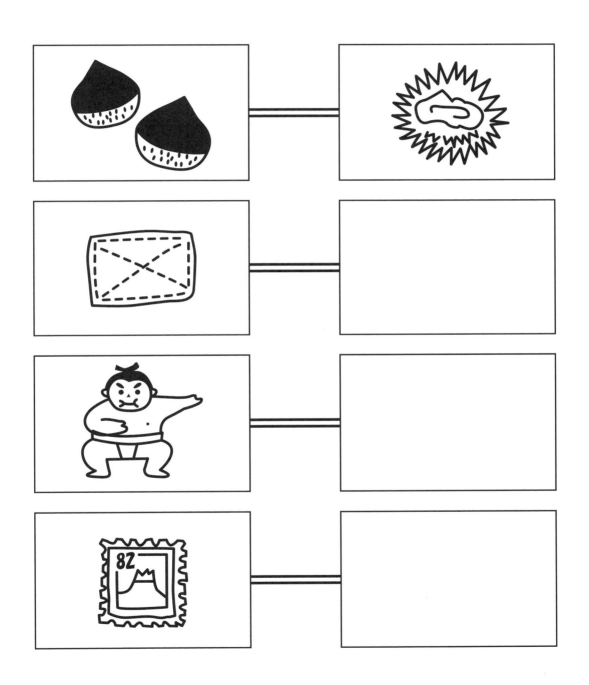

3 仲間を描こう　**なかまをかこう6**

なまえ [　　　　　　　　　　　　　　　]

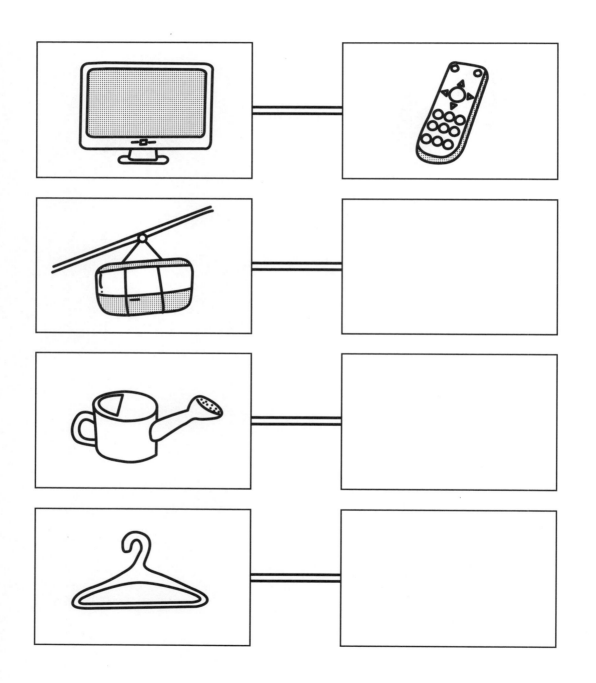

3 仲間を描こう **なかまをかこう7**

なまえ [　　　　　　　　　　　　　　　　　]

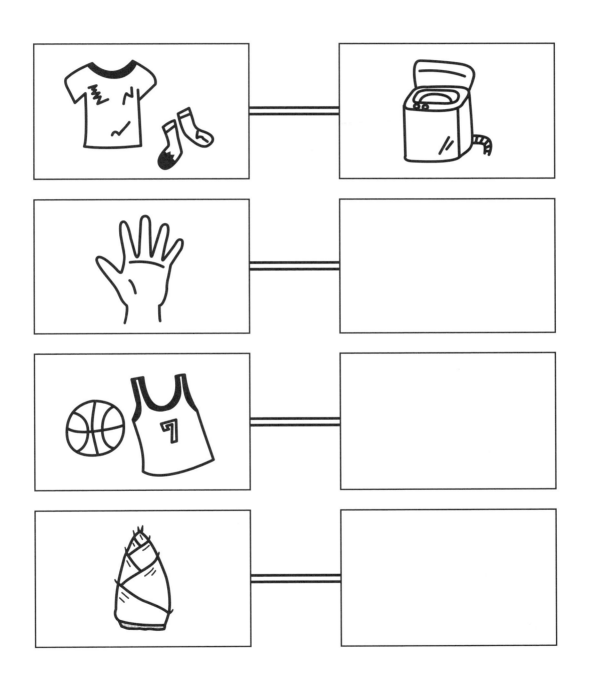

できたぞ！　　やったぁ！

⑯ なかまをかこう 8

3 仲間を描こう

なまえ [　　　　　　　　　　]

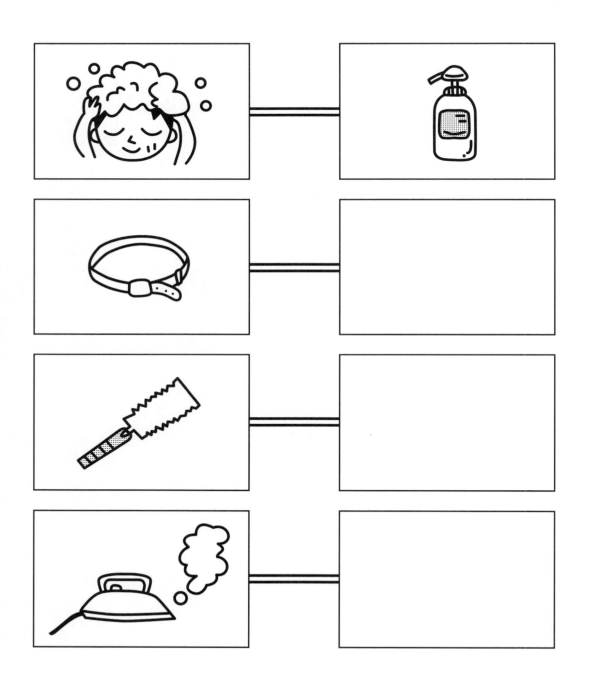

できたぞ！ やったぁ！

⑰ ③ 仲間を描こう　なかまをかこう9

なまえ [　　　　　　　　　　　　　　　]

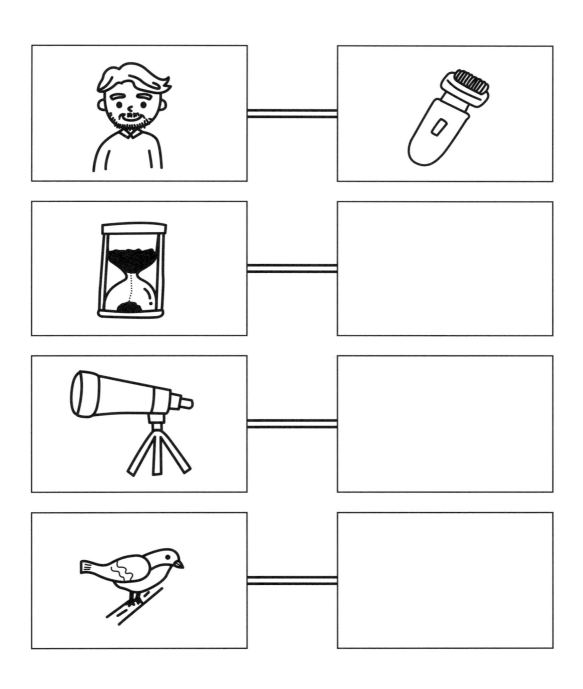

解答&解説

3 仲間を描こう

活動内容 関連した絵を描く（電車→駅，踏み切り，など）
ねらい カテゴリーの理解，関係概念の力，イメージする力，描画の力

❋ 育つ力

◎ソーシャルスキルの基礎
・カテゴリーの理解
・関係概念の力
・イメージする力
・描画の力

❋ 使い方

絵を見て，関連する物（同じ属性の物）を想起して，隣の枠内に絵を描きます。

例えば，茶碗によそったほかほかのご飯の絵を見て，「箸」「炊飯器」「おかず（ハンバーグなど）」「みそ汁」など，自分がご飯を食べるときに思い浮かべたものから選択して絵を描きます。

❋ こんな子どもへの手立て

☹なかなか関連したものを想起できない子
➥1つの絵をもとに，関連したものを皆で出し合ってみましょう（出たものを，もとの絵の周囲に描いていきます）
　（例）中心部に「ちりとり」
　　　　周囲に「ほうき」「バケツ」「ゴミ箱」「雑巾」「窓ふき」など，掃除に関連したものを描く
➥関連した絵同士をマッチングする練習を行いましょう（絵カードを使用）
※『＜特別支援教育＞学びと育ちのサポートワーク１　文字への準備・チャレンジ編』（明治図書，加藤博之著）の「7．仲間集め」（P70〜81）参照

☺関連した絵を描くことができる子
➥さらに関連した絵を思い浮かべ，場面を描きます（「おまわりさん」→「パトカー」「白バイ」「警察署」などを描き，「○○警察署」の風景を描きます）
➥テーマを決めて，友だちと順に関連した絵を描き込みます（野球場，動物園など）
　（テーマ）公園
　（具体的な絵）ぶらんこ，鉄棒，ジャングルジム，砂場，遊ぶ子どもたち

❋ 関連した活動

・スリーヒントクイズ
・「○○を描こう」（駅，お店，飛行場など）

❋ 採点のポイント

カテゴリーや関係概念をきちんと理解しているか，想起することを楽しんでいるか，に注意しながら採点します。

【解答（例）】

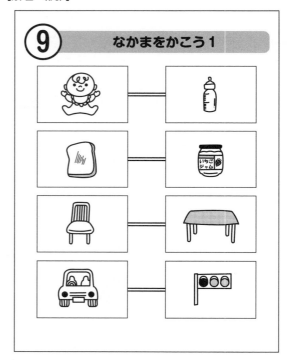

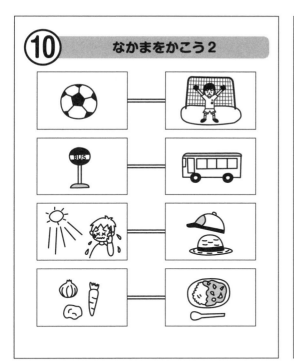
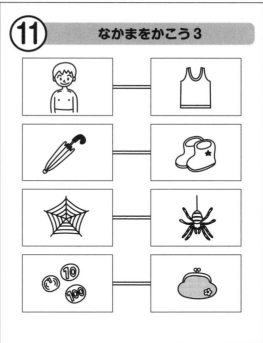
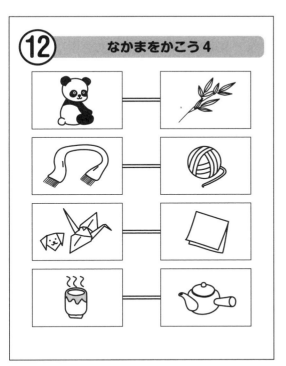
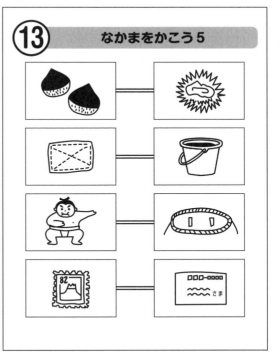

ポイント

絵のうまい，へたよりも，絵同士に関連性があるかどうかを重視します。そのために，なぜその絵を描いたのかをことばで説明させるとよいでしょう。

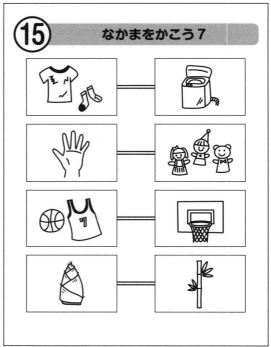
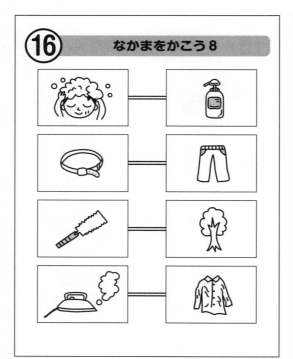
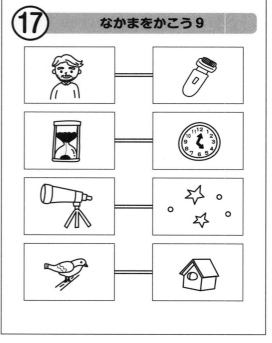

ポイント

1つ1つの絵を細かく描こうとする場合は，ある程度のところでやめさせるとよいでしょう（「終わり」の意識を持たせます）。短時間でわかりやすい絵を表現する活動としても有効です。

⑱ 4 ○○のものを描こう 『ふわふわのもの』をかこう

なまえ [　　　　　　　　　　　　　　　　　]

できたぞ！　　やったぁ！

⑲ 4 ○○のものを描こう 『しわくちゃのもの』をかこう

なまえ [　　　　　　　　　　　　　　　]

できたぞ！　やったぁ！

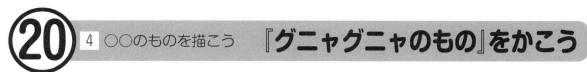

㉑ 4 ○○のものを描こう 『グニャグニャのもの』をかこう

なまえ [　　　　　　　　　　　　　　　　　]

できたぞ！　　やったぁ！

㉑ 4 ○○のものを描こう　『ピカピカのもの』をかこう

なまえ[　　　　　　　　　　　　　　　]

できたぞ！　やったぁ！

38

㉒ ④ ○○のものを描こう 『ヌルヌルのもの』をかこう

なまえ [　　　　　　　　　　　　　]

できたぞ！　やったぁ！

㉓ 4 ○○のものを描こう 『ペラペラのもの』をかこう

なまえ [　　　　　　　　　　　　　　　]

できたぞ！　やったぁ！

㉔ 4 ○○のものを描こう 『あつあつのもの』をかこう

なまえ [　　　　　　　　　　　　　　　]

できたぞ！　　やったぁ！

解答&解説

4 ○○のものを描こう

活動内容 擬態語などのことばからイメージして絵を描く
ねらい イメージする力，ことばの概念の理解（擬態語など），描画の力

❋ 育つ力

◎ソーシャルスキルの基礎
・イメージする力
・ことばの概念の理解（擬態語など）
・描画の力

❋ 使い方

擬態語などのことばからイメージしたものを，絵で描きます。自分が思いついたものをいくつも用紙に描いていきます。

例えば，「ふわふわしたもの」は，特性として，柔らかい，軽い，飛んでいく，などが思い浮かびやすいでしょう。その上で，「雲」「風船」「わたあめ」「マシュマロ」「シフォンケーキ」などをイメージすることができます。

❋ こんな子どもへの手立て

☹擬態語などのことばからイメージすることが難しい子
➥それぞれのことばに合う実物を見せたり，具体物や半具体物を見せます
「ふわふわ」…綿，パン，シャボン玉，豆腐など
「ピカピカ」…磨かれた硬貨，きれいな窓ガラスなど
➥指導者や保護者と一緒に，日常生活の中でことばに合うものを探してみましょう
➥絵本やイラスト集，写真集などから，ことばに合うものを探してみましょう

☺いろいろな絵を上手に表現できる子
➥絵を描いた子ども同士で発表し合いましょう（指導者も加わるとよいでしょう）
➥他のことばも提案し合い，一緒に絵を描かせます
　（絵を描きやすいことばを提案するよう，アドバイスを行いましょう）
（例）「ひらひら」「ぶつぶつ」「ちょろちょろ」
　　「どっしり」「くねくね」「ぎゅうぎゅう」
　　「ひゅうひゅう」「ざらざら」「よちよち」
➥ことばを使って文章を作らせましょう
　「夜空に星がキラキラ光っています」
　「暑くて体がグニャグニャになってしまった」

❋ 関連した活動

・作文
・読書（擬態語などのことば探し）
・描画

❋ 採点のポイント

ことばの意味をきちんと理解しているか，いろいろなものをイメージすることができているか，に注意しながら採点します。

【解答（例）】
→次ページ

ポイント

ことばのイメージと違った絵を描いても，否定はせず，最後に「こんなのもあるよ」と言って，適切なイメージの絵を描いてあげるとよいでしょう（間違えたという意識を持たせないようにします）。

ポイント
最初は自由な大きさで描かせ,慣れてきたらスペースの中に3〜4つを描くというように,段階的に大きさを意識させます(用紙に3〜4つの〇を描き,「この中に描いてね」と言うとわかりやすいでしょう)。

きもちをかんがえよう1

5 気持ちを考えよう

なまえ [　　　　　　　　　　　　　　　]

トランプで,負けてしまった　・　　　　　・　やさしい

ひさしぶりに,おばさんにあった　・　　　　　・　さびしい

電車で席をゆずってあげた　・　　　　　・　はずかしい

お母さんがなかなか帰ってこない　・　　　　　・　なつかしい

せ中からシャツが出ていた　・　　　　　・　くやしい

できたぞ！　　やったぁ！

26　5 気持ちを考えよう　きもちをかんがえよう2

なまえ [　　　　　　　　　　　　　]

誕生日に皆がお祝いをして　・　　　　　・　かなしい
くれた

旅行が中止になってしまった　・　　　　　・　さびしい

仲良しの友だちが転校して　・　　　　　・　まんぞく
しまう

公園にだれもいなかった　・　　　　　・　うれしい

大好きなケーキをたくさん　・　　　　　・　がっかり
食べた

できたぞ！　　やったぁ！

5 気持ちを考えよう　きもちをかんがえよう3

なまえ [　　　　　　　　　　　　　]

気の合う友だちがたくさんいる　・　　　　　・　きんちょう

野球の試合でボロ負けした　・　　　　　・　がまん

お金が足りずほしい物が買えない　・　　　　　・　つまらない

おもしろいテレビがやっていない　・　　　　　・　しあわせ

おおぜいの前で作文を読む　・　　　　　・　みじめ

できたぞ！　　やったぁ！

28 ⑤ 気持ちを考えよう　きもちをかんがえよう４

なまえ [　　　　　　　　　　　]

友だちが病気で学校を休んだ　・　　　　　・　イライラ

夜中に一人でトイレに行く　・　　　　　・　ホッとした

すごろくでなかなかあがれない　・　　　　　・　こまった

走ってぎりぎり学校に間に合った　・　　　　　・　しんぱい

道に迷ってしまった　・　　　　　・　こわい

できたぞ！　　やったぁ！

きもちをかんがえよう5

5 気持ちを考えよう

なまえ [　　　　　　　　　　　　　　　　]

トランプで，作戦通りに　・　　　　　・　うらやましい
いった

明日の運動会ではリレー　・　　　　　・　あやしい
に出るぞ

友だちがほしいゲームを　・　　　　　・　うまくいった
持っている

知らない人が家の中を　・　　　　　・　ショック
のぞいている

大切なコップをわって　・　　　　　・　がんばる
しまった

できたぞ！　　やったぁ！

30 5 気持ちを考えよう　きもちをかんがえよう６

なまえ [　　　　　　　　　　　　　　　　　]

ほっぺたにごはんつぶが　　・　　　　　・　あんしん
ついていた

女の子が，転んで泣いて　　・　　　　　・　きずついた
いる

頑張っても先生がほめて　　・　　　　　・　ふまん
くれない

お母さんの病気がなおった　・　　　　　・　かわいそう

友だちにひどいことを　　　・　　　　　・　はずかしい
言われた

できたぞ！ やったぁ！

㉛ 5 気持ちを考えよう　きもちをかんがえよう７

なまえ [　　　　　　　　　　　　　　　　　　　]

いつも親切にしてもらっている　・　　　　　・　ワクワク

しんせきの人が急にやってきた　・　　　　　・　やきもち

友だちの鉛筆を持って帰ってきた　・　　　　　・　びっくり

明日はいよいよ遠足だ　・　　　　　・　かんしゃ

弟がいつもお母さんに甘えている　・　　　　　・　まずい

できたぞ！　やったぁ！

解答&解説

5 気持ちを考えよう

活動内容 気持ちを表すことばと説明文をマッチングする
ねらい 感情を表す用語の理解，文章の理解（簡単な説明文の理解），イメージする力，感情表現の育成

❋ 育つ力

◎ソーシャルスキルの基礎
・感情を表す用語の理解
・文章の理解（簡単な説明文の理解）
・イメージする力
・感情表現の育成

❋ 使い方

左右に分けて書かれた「ある状況を説明する文章」と「感情を表す用語（やさしい，がっかり，など）」を読み比べて，ふさわしいもの同士をマッチングします（線で結びます）。

読み取る際に，声を出さずに黙読させましょう。

❋ こんな子どもへの手立て

☹うまく関連付けられない子
↪短文を読むことを習慣化し，簡単な文章の読解力を育てます（音読が効果的です）
↪指導者が，説明文を表情をつけながら大袈裟に読んであげることで，書かれている内容をより理解させます（くやしい→くやしそうに，はずかしい→はずかしそうに，さびしい→さびしそうに，表情と口調を工夫しながら表現します）
↪指導者が，書かれた内容をその場で演じて見せましょう（日常生活の中で，そのことばを使う場面を意図的に設けていきましょう）

☺関連付けられるようになった子
↪指導者と一緒に，他の例（文章）を考えましょう
〔はずかしい〕
　⇒口の周りにごはんつぶがついていた
　⇒他の子が名前を呼ばれたのに，間違えて自分が返事をしてしまった
↪慣れてきたら，皆で日常生活の中でのいろいろな感情表現について話し合います
　（例）なわとびで，いつもより跳べず<u>くやしかった</u>
　　　Aちゃんのかぜがなおって登校できて<u>あんしんした</u>
↪気持ちを表す用語を使って文を作らせます

❋ 関連した活動

・劇遊び
・体験を語り合う（「楽しかったことを話そう」など）

❋ 採点のポイント

表面的でなく，きちんとひとつひとつの感情表現の意味を理解しているか，適切に使うことができるか，に注意しながら採点します。

【解答（例）】
→次ページ

㉕ きもちをかんがえよう１

- トランプで，負けてしまった ・　　　・ やさしい
- ひさしぶりに，おばさんにあった ・　　　・ さびしい
- 電車で席をゆずってあげた ・　　　・ はずかしい
- お母さんがなかなか帰ってこない ・　　　・ なつかしい
- せ中からシャツが出ていた ・　　　・ くやしい

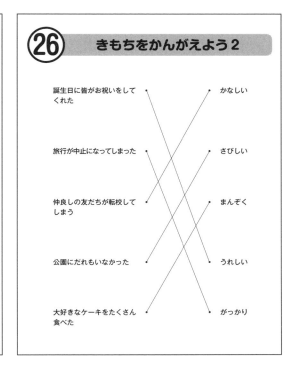

㉖ きもちをかんがえよう２

- 誕生日に皆がお祝いをしてくれた ・　　　・ かなしい
- 旅行が中止になってしまった ・　　　・ さびしい
- 仲良しの友だちが転校してしまう ・　　　・ まんぞく
- 公園にだれもいなかった ・　　　・ うれしい
- 大好きなケーキをたくさん食べた ・　　　・ がっかり

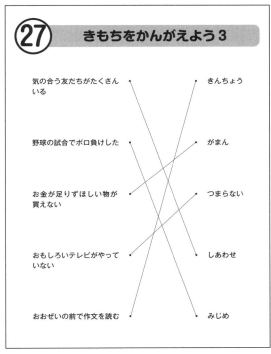

㉗ きもちをかんがえよう３

- 気の合う友だちがたくさんいる ・　　　・ きんちょう
- 野球の試合でボロ負けした ・　　　・ がまん
- お金が足りずほしい物が買えない ・　　　・ つまらない
- おもしろいテレビがやっていない ・　　　・ しあわせ
- おおぜいの前で作文を読む ・　　　・ みじめ

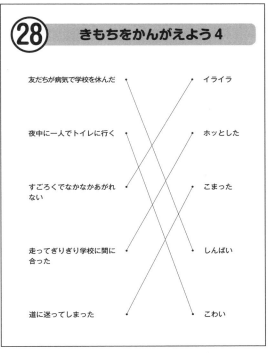

㉘ きもちをかんがえよう４

- 友だちが病気で学校を休んだ ・　　　・ イライラ
- 夜中に一人でトイレに行く ・　　　・ ホッとした
- すごろくでなかなかあがれない ・　　　・ こまった
- 走ってぎりぎり学校に間に合った ・　　　・ しんぱい
- 道に迷ってしまった ・　　　・ こわい

> ポイント
> 用語の意味がわからないときは（「みじめ」など），大人同士で演技をして見せながら，どういう場面に使うことばかについて，理解させます。

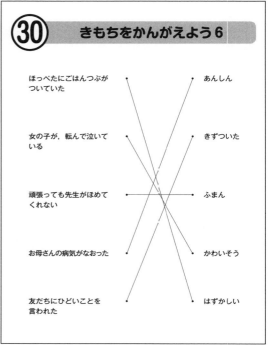

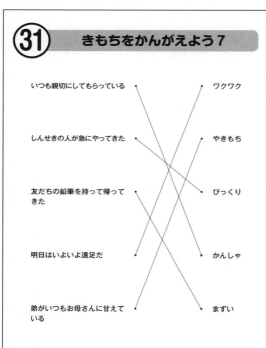

ポイント
必ずしも間違いでない用語を選んだときは，それも正答と認め，その後，別の選択肢もあることを知らせます（「頑張っても先生がほめてくれない」→「きずついた」も正解にする）。

セリフをかんがえよう１

32 ６ セリフを考えよう

なまえ [　　　　　　　　　　　　　]

できたぞ！　やったぁ！

33 6 セリフを考えよう　セリフをかんがえよう２

なまえ [　　　　　　　　　　　]

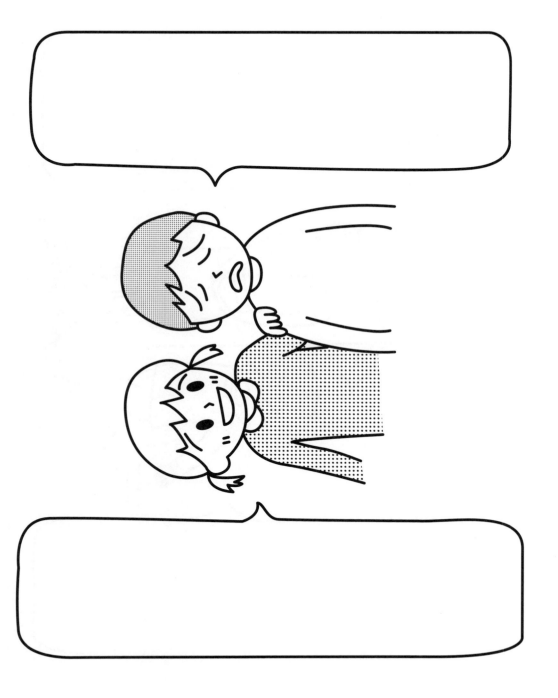

できたぞ！　やったぁ！

セリフをかんがえよう３

6 セリフを考えよう

なまえ [　　　　　　　　　　　　　　　　]

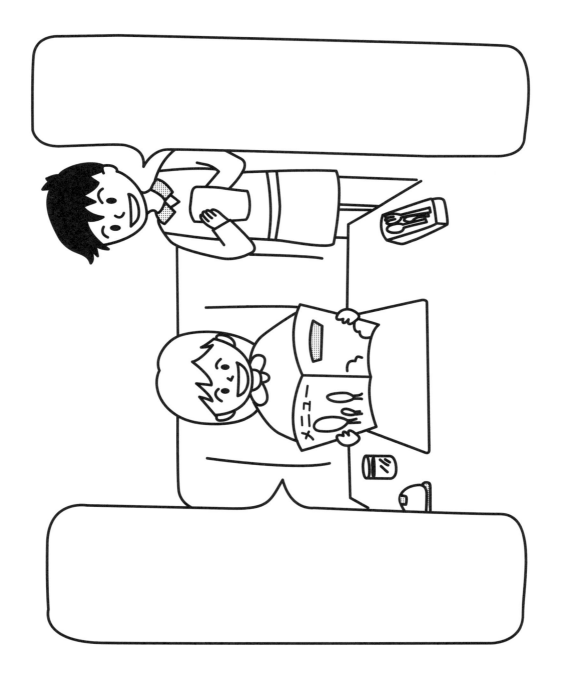

できたぞ！　やったぁ！

㉟ セリフをかんがえよう４

6 セリフを考えよう

なまえ [　　　　　　　　　　]

できたぞ！　やったぁ！

36 6 セリフを考えよう　セリフをかんがえよう５

なまえ [　　　　　　　　　　　　　]

できたぞ！　　やったぁ！

6 セリフを考えよう　**セリフをかんがえよう７**

なまえ [　　　　　　　　　　　　　　]

できたぞ！　　やったぁ！

40 6 セリフを考えよう　セリフをかんがえよう9

なまえ[　　　　　　　　　　　　　　　　　]

もしもし（　　　　）さんですか。

なまえ
(　　　) さん

なまえ
(　　　) さん

できたぞ！　やったぁ！

解答&解説

6 セリフを考えよう

絵を見てセリフを書いたり状況を説明したりする
状況の理解，他者視点，表現力，やりとり言葉の理解，イメージする力，文章力，電話のやりとり

❋ 育つ力

◎ソーシャルスキルの基礎
・状況の理解
・人の気持ちの理解（他者視点）
・表現力
・やりとりことばの理解（電話のやりとり）
・イメージする力
・文章力

❋ 使い方

絵を見て，その場の状況を理解し，登場人物の気持ちを読み取りながら，適切なやりとりことば（セリフ）を考えます。

❋ こんな子どもへの手立て

☹絵を見て，状況を理解することが難しい子
↪絵の場面や状況を説明し，登場人物がどのような気持ちでやりとりを行っているかを理解させます
↪指導者同士が，その場面の様子を演じてあげましょう（その際，最初はことばを多用せず，やりとりを見せることに重きを置き，2回目，3回目になるにつれて徐々にことばを増やしていくとよいでしょう）

☹文章でセリフを表現することが難しい子
↪指導者がいくつか解答例をカードに記し，その中から選択させます（その際，気持ちを表す部分を赤字にするなどして強調します）
↪セリフの吹き出しに，ヒントとなる文章の一部を書いてあげましょう ⇒まずは，本節のワークの課題を，指導者と一緒に一通り行う（穴埋め方式にします）とよいでしょう
（例）廊下でぶつかるシーン
〔先生〕「わー，びっくり。走ったら（　　　　）」
〔子ども〕〔あー，走って（　　　　　　）〕
（先生→あぶないよ，子ども→ごめんなさい）

☹電話のやりとりが思い浮かばない子
↪まずは指導者2人で電話のやりとりの場面を見せます
↪その後，テーマを決めて，指導者と子どもでやりとりを練習しましょう

（遊ぶ約束，買い物の相談，明日の持ち物など）

☺場面に応じた文章を書くことができる子
↪指導者の援助の下，同じような気持ちの場面を他にも作らせます（場面や登場人物を変えてもよいでしょう）

❋ 関連した活動

・漫画（保護者が子どもにふさわしい漫画を選択してあげましょう）
・漫画作り
・絵日記，日記
・作文
・電話

❋ 採点のポイント

場面の状況や登場人物同士のやりとりをよく理解しているか，わかりやすいセリフを書いているか，に注意しながら採点します。

【解答（例）】

ポイント
大人が演じて見せ，登場人物の気持ちを考えさせましょう。また，誰か１人分のセリフを大人が作り，それに対する答えを子どもに考えさせてもよいでしょう。

ポイント

ことば遣いがよくない，相手を否定する内容になっているなど，内容がネガティブになってしまうときは，楽しいやりとりもあることを演じて見せ，それを文章化させていくとよいでしょう。

41 7 人を描こう　人をかこう１

なまえ [　　　　　　　　　　　　　]

◎みんなで話をしながら，楽しそうに
　わらっている男の子

できたぞ！　　やったぁ！

42 7 人を描こう　人をかこう2

なまえ [　　　　　　　　　　　　　]

◎家でるすばんをしながら，さびしそうな顔をしている女の子

㊸ 7 人を描こう　人をかこう3

なまえ[　　　　　　　　　　　　]

◎大きな魚をつって，ほこらしそうにしている男の子

できたぞ！　やったぁ！

44　7 人を描こう　人をかこう４

なまえ[　　　　　　　　]

◎先生にあてられて，はずかしそうに答えている女の子

人をかこう5

7 人を描こう

なまえ [　　　　　　　　　　　　　　　]

◎かみを切って，すっきりした頭を，てれくさそうに見せている男の子

できたぞ！　　やったぁ！

46　7 人を描こう　人をかこう6

なまえ [　　　　　　　　　　　　　]

◎友だちに悪口を言われて，かんかんに
　おこっている男の子

できたぞ！　やったぁ！

47

7 人を描こう　**人をかこう7**

なまえ [　　　　　　　　　　　　　　　]

◎運動会の玉入れで勝って，ものすごく
　うれしそうにしている女の子

できたぞ！　　やったぁ！

48 7 人を描こう 人をかこう8

なまえ [　　　　　　　　　　　　　　]

◎洗たくものが雨にぬれて、困っている
　お母さん

解答&解説

7 人を描こう

活動内容 場面や状況に応じた絵を描く（人物描写）
ねらい 状況理解，対人意識（表情の理解），他者視点，描画の力，イメージする力

❖ 育つ力

◎ソーシャルスキルの基礎
- 状況理解
- 対人意識（表情の理解）
- 他者視点
- 描画の力

❖ 使い方

説明文や絵から，場面や状況を理解し，その場にふさわしい人物画を描かせます。表情や仕草に注意しながら描かせましょう。

また，完成後に人と人とのやりとりについて話し合いをすることが大切です。
（質問例）楽しそうに笑っている男の子
「これはどこかな？」
「皆で何の話をしているのかな？」
「なぜ，笑っているのかな？」など

❖ こんな子どもへの手立て

☹状況を理解することが難しい子
↪指導者がその場の様子を演じて見せましょう
（必要に応じてセリフを入れます）
演じた後，ワークを見ながら状況を説明します
→指導者が，正解と不正解の絵を何枚か用意し，その中から，場にふさわしい絵を選択させましょう
（子どもが場に合っていない絵を選択しても，否定せず，絵の中で意味づけていきましょう→「男の子は，ひとりだけつまらなかったんだよね」など）

☺状況に合った絵を描くことができた子
↪指導者や他児と一緒に，その状況を演じさせるとよいでしょう（役割交代を行います）
↪別の表情の絵を描かせ，ストーリーが変わったことを文章で書かせましょう
（例）「皆で話をしながら楽しそうに笑っている男の子」
「皆が楽しそうにしている中で，ひとりつまらなそうにしている男の子」
↪自分たちで新しい問題を出し合いましょう

❖ 関連した活動

- 4コマ漫画
- 劇遊び
- 話作り（絵つきの文章）

❖ 採点のポイント

状況をよく理解し，適切に人物描写ができているか，内容をきちんとことばで説明できているか，に注意しながら採点します。

【解答（例）】
→次ページ

㊶ 人をかこう1

◎みんなで話をしながら、楽しそうにわらっている男の子

㊷ 人をかこう2

◎家でるすばんをしながら、さびしそうな顔をしている女の子

㊸ 人をかこう3

◎大きな魚をつって、ほこらしそうにしている男の子

㊹ 人をかこう4

◎先生にあてられて、はずかしそうに答えている女の子

> **ポイント**
> 絵を描いた後に、登場人物の気持ちを話し合ったり、一人ずつ吹き出しをつけて、セリフを考えさせると、学習内容がより深まるでしょう。

㊺　人をかこう5

◎かみを切って、すっきりした頭を、てれくさそうに見せている男の子

㊻　人をかこう6

◎友だちに悪口を言われて、かんかんにおこっている男の子

㊼　人をかこう7

◎運動会の玉入れで勝って、ものすごくうれしそうにしている女の子

㊽　人をかこう8

◎洗たくものが雨にぬれて、困っているお母さん

ポイント

人を描くのが苦手な子（特に顔の表情）には、大人がいろいろな表情の人を描いて、「このときはどんな感じかな」と選択させるとよいでしょう（その際、顔の表情や仕草はやや大げさに描写します）。

49 8 ストーリーを考えよう　ストーリーをかんがえよう1

なまえ [　　　　　　　　　　　　　]

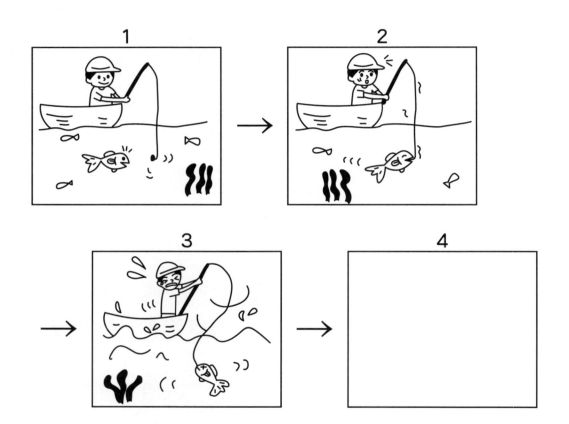

4ばんは どうなったかな

8 ストーリーを考えよう

ストーリーをかんがえよう２

なまえ [　　　　　　　　　　　　　　　]

４ばんは どうなったかな

できたぞ！　　やったぁ！

8 ストーリーを考えよう

ストーリーをかんがえよう３

なまえ [　　　　　　　　　　　　　　　　]

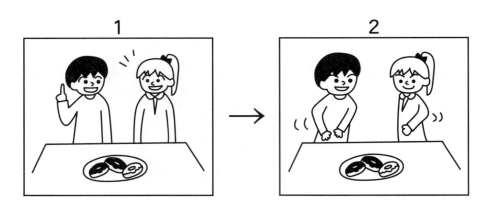

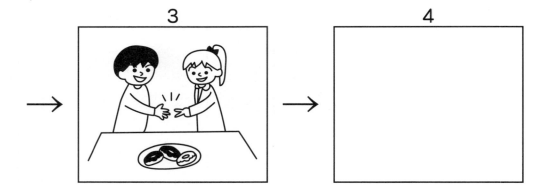

４ばんは どうなったかな

8 ストーリーを考えよう **ストーリーをかんがえよう4**

なまえ[　　　　　　　　　　　　　　　　　　　]

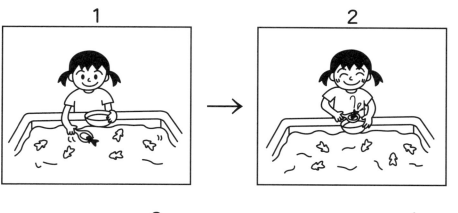

4ばんは どうなったかな

できたぞ！　やったぁ！

53 8 ストーリーを考えよう　ストーリーをかんがえよう 5

なまえ [　　　　　　　　　　　　]

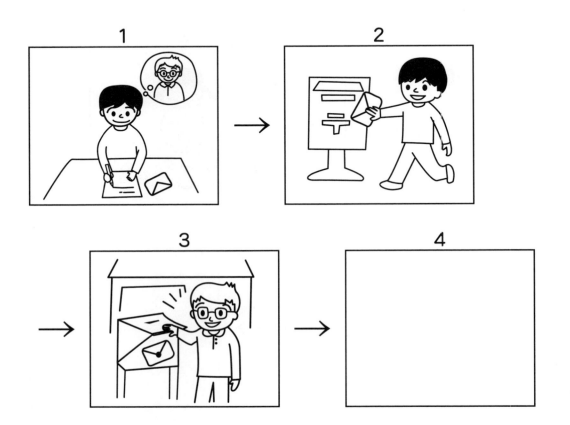

4ばんは どうなったかな

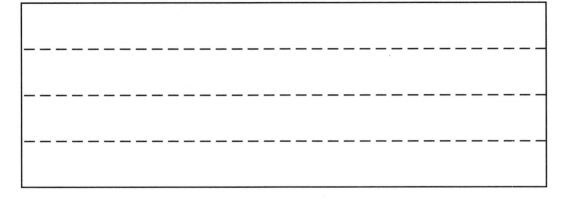

8 ストーリーを考えよう　**ストーリーをかんがえよう6**

なまえ [　　　　　　　　　　　　　　]

1

2

3

4
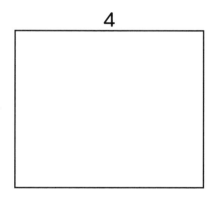

4ばんは どうなったかな

できたぞ！　やったぁ！

55 8 ストーリーを考えよう　ストーリーをかんがえよう7

なまえ [　　　　　　　　　　]

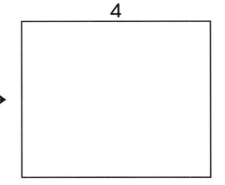

4ばんは どうなったかな

できたぞ！　　やったぁ！

⑤⑥ 8 ストーリーを考えよう　ストーリーをかんがえよう 8

なまえ [　　　　　　　　　　　　　　　]

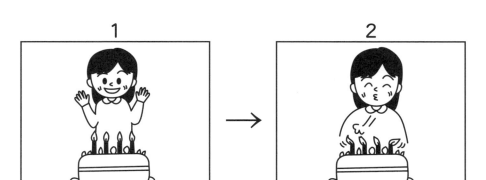

4ばんは どうなったかな

できたぞ！　　　やったぁ！

8 ストーリーを考えよう   **ストーリーをかんがえよう9**

なまえ [　　　　　　　　　　　　　　　]

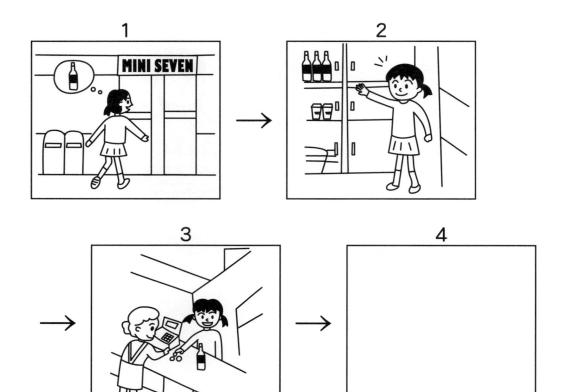

4ばんは どうなったかな

解答&解説

8 ストーリーを考えよう

活動内容／ねらい　絵を見ながらストーリーを考える
時間経過の順序理解，ストーリーの理解（起承転結），ストーリーを考える力，イメージする力，結果を予測する力

❋ 育つ力

◎ソーシャルスキルの基礎
・時間経過の順序理解
・ストーリーの理解（起承転結）
・ストーリーを考える力
・イメージする力
・結果を予測する力

❋ 使い方

　4コマ漫画の1〜3番目の絵を見ながら，その後の話の展開を考え，絵と文を書かせます。話の内容がネガティブにならないよう，話し合いながら作成しましょう。
　文章はセリフ調が望ましいですが，説明文でもよいでしょう。

❋ こんな子どもへの手立て

☹ストーリーがなかなか思い浮かばない子
↪1〜3番目の絵を見ながら，指導者と一緒にストーリーについて話し合い，展開について考えましょう
　（子どもから意見が出ないときは，指導者が複数の展開例を紹介し，どれがよいか，理由を聞いてから選ばせるとよいでしょう）
↪話し合いでストーリーが決まったら，指導者と一緒にストーリーを演じさせましょう（劇遊び）

☹ネガティブなストーリーを作ってしまう子
↪作ったものについては否定せず，他にもストーリーが作れないかを考えさせます
　（もし，作れないときは，指導者が作った展開例を紹介し，一緒に演じましょう）

☺スムーズに展開できる子
↪作ったものを，劇遊び風に演じさせましょう
　（他児が作ったものを演じることもよいでしょう）
↪その後の展開を考えさせましょう
　（5番目，6番目の絵と文を作成させます）
↪他児が作ったストーリーの感想を述べさせましょう
　（自分が作ったストーリーについても，他児から感想や意見を求めます）

❋ 関連した活動

・4コマ漫画，漫画
・劇遊び
・日記，絵日記
・作文

❋ 採点のポイント

　いろいろなストーリーを展開することができるか，皆が楽しいと思える内容になっているか，に注意しながら採点します。

【解答（例）】

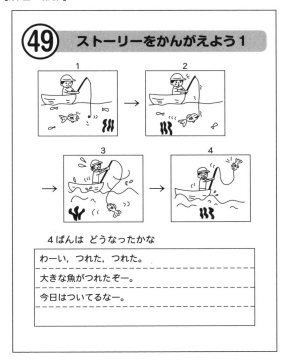

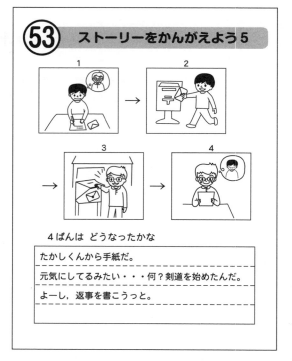

54 ストーリーをかんがえよう6

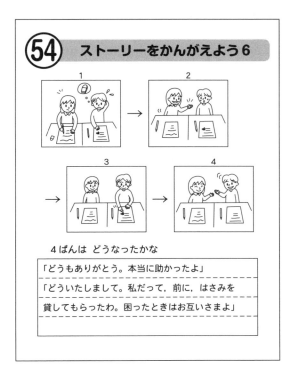

4ばんは どうなったかな

「どうもありがとう。本当に助かったよ」
「どういたしまして。私だって,前に,はさみを貸してもらったわ。困ったときはお互いさまよ」

55 ストーリーをかんがえよう7

4ばんは どうなったかな

あー! いっちゃった。
とんぼさん,さようならー!
大空の飛行を,たくさん楽しんでね。

56 ストーリーをかんがえよう8

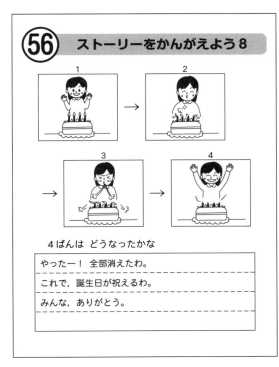

4ばんは どうなったかな

やったー! 全部消えたわ。
これで,誕生日が祝えるわ。
みんな,ありがとう。

57 ストーリーをかんがえよう9

4ばんは どうなったかな

これ,売っていてよかった。
さーて,家に帰って,テレビを見ながら飲もうっと。
ルンルンルン。

ポイント

話がネガティブな内容になりがちな子には,作ったストーリーは否定せず,別の展開もあることを示していきます(ドーナツの話→「私がじゃんけんに勝ったけど,やっぱり半分こずつにしようか」など)。

58 ⑨ 顔の表情　いろいろなかお１

なまえ [　　　　　　　　　　　]

うれしい

かなしい

おこる

こまる

59　9 顔の表情　いろいろなかお２

なまえ [　　　　　　　　　　　　　]

てれる

あせる

ショック

ドキドキ

できたぞ！　やったぁ！

60 9 顔の表情　いろいろなかお３

なまえ[　　　　　　　　　　]

ねむい

こわい

とくいげ

びっくり

61　9 顔の表情　いろいろなかお４

なまえ [　　　　　　　　　　　　　　　]

すっぱい

はずかしい

うらやましい

くやしい

できたぞ！　　やったぁ！

解答&解説

9 顔の表情

活動内容 いろいろな表情の顔を描く
ねらい 表情の理解，イメージ力，対人意識，描画の力

❋ 育つ力

◎ソーシャルスキルの基礎
・表情の理解
・イメージする力
・対人意識
・描画の力

❋ 使い方

「うれしい」「おこる」など，感情を表すことばに合った顔の表情を描きます。

❋ こんな子どもへの手立て

☹うまく描くことができない子

↪どのようなときに，「うれしい」「おこる」などの気持ちになるのかを，指導者と共に話し合いましょう
（「お母さんにほめられたときにうれしい」など）

↪「うれしい」「おこる」ときにどのような顔になるのかを，皆で見せ合いましょう
（顔の表情は鏡を使って確認させましょう。また，指導者が大げさに表現するとわかりやすいでしょう）

↪表情の絵カードを作り，「うれしいときの顔」や「悲しいときの顔」などでカルタ取りをしましょう
（慣れたら「誕生日にプレゼントをもらったときの顔」や「大切にしていたおもちゃが壊れちゃったときの顔」など，徐々に内容を難しくしていくとよいでしょう）

☺いろいろな表情を上手に描くことができる子

↪自分が描いた顔の表情をランダムに行い，他児にどの表情かを当ててもらいましょう

↪「うれしい」「おこる」「しんぱい」などの表情を入れた劇遊びを行いましょう
（元気のない表情の相手に対し，「どうしたの？」「元気ないね。大丈夫？」などと声をかける，など）

↪顔の表情を意識したストーリー（文章と絵）を作成してみましょう
（例）「仲良しの太郎くんとけんかをしてしまい，たかしくんはさびしそうに家に帰った」
「毎日，なわとびを練習してついに50回連続で跳べるようになった。僕はすごくうれしかった」

❋ 関連した活動

・漫画（保護者が子どもにふさわしい漫画を選択してあげましょう）
・劇遊び
・日ごろの雑談の中からいろいろな表情を学ぶ

❋ 採点のポイント

いろいろな表情を読み取ることができるか，その場に合った表情をすることができるか，いろいろな表情を適切に描くことができるか，に注意しながら採点します。

【解答（例）】

→次ページ

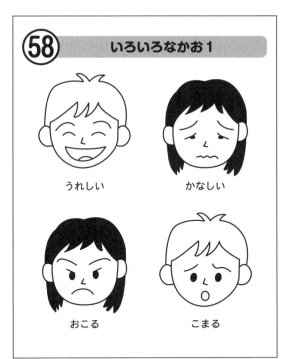
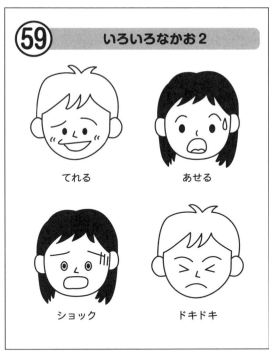

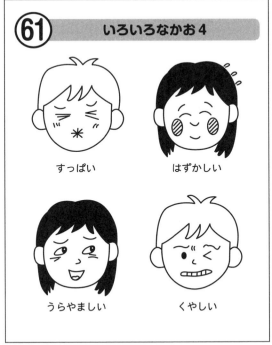

ポイント

絵の技術は問わず，子どもの絵を見ながらどうしてそのように描いたかを，一緒に話し合いましょう（技術的には，目，まゆげ，口の描き方に注目させましょう）。

62 10 いろいろな場面を描こう　いろいろなばめん（やすみじかん）

なまえ [　　　　　　　　　　　　　　　]

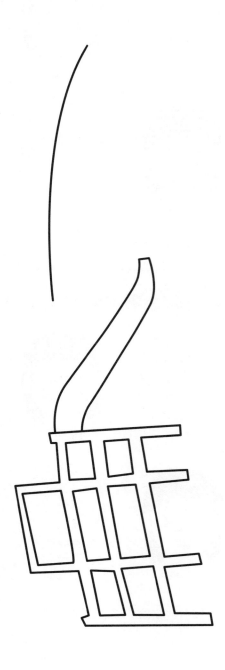
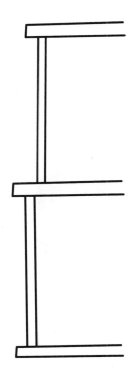

できたぞ！　やったぁ！

(63) 10 いろいろな場面を描こう いろいろなばめん（プール）

なまえ（　　　　　　　　　　）

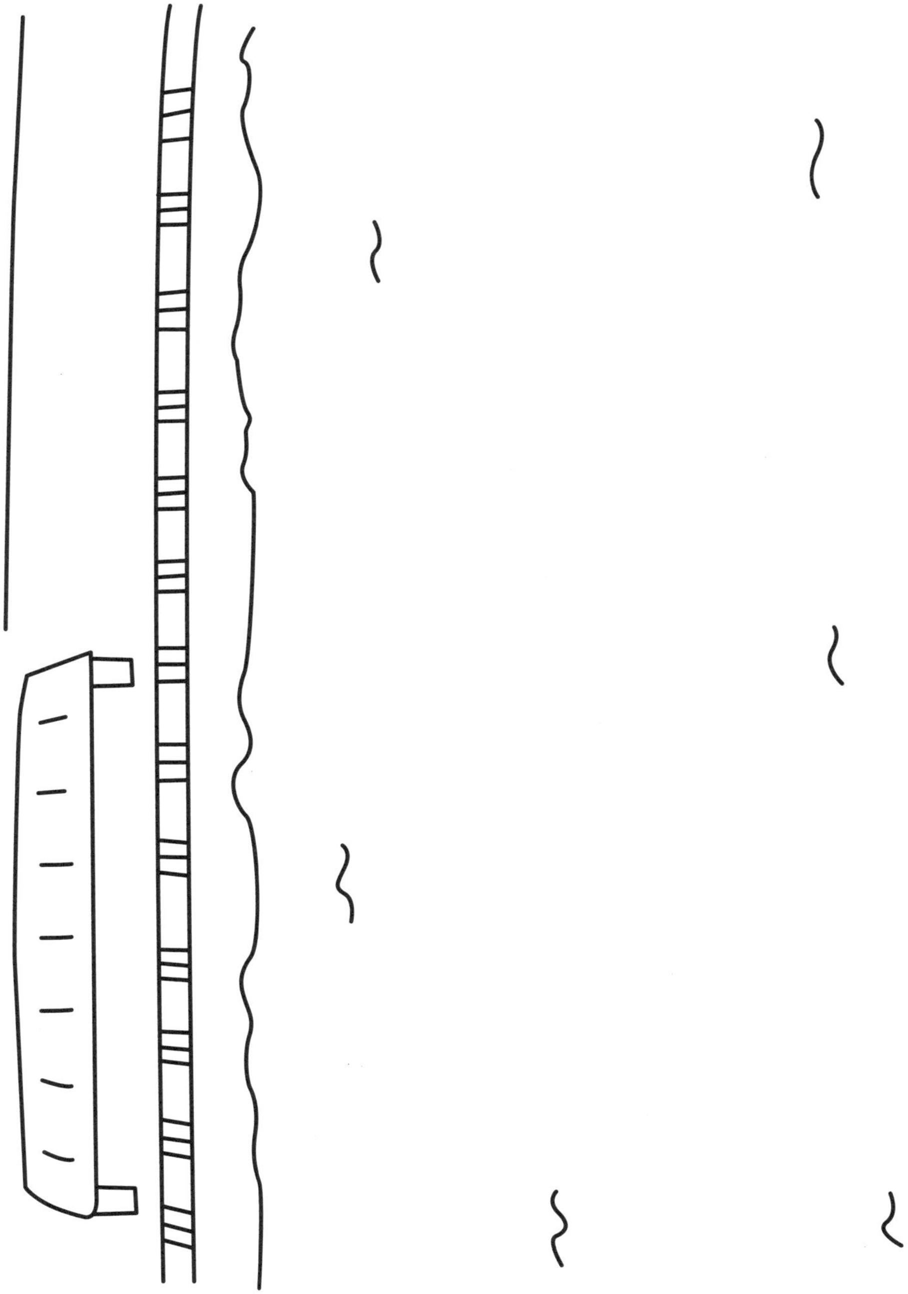

できたぞ！　やったぁ！

64 10 いろいろな場面を描こう　いろいろなばめん（そうじ）

なまえ [　　　　　　　　　　　]

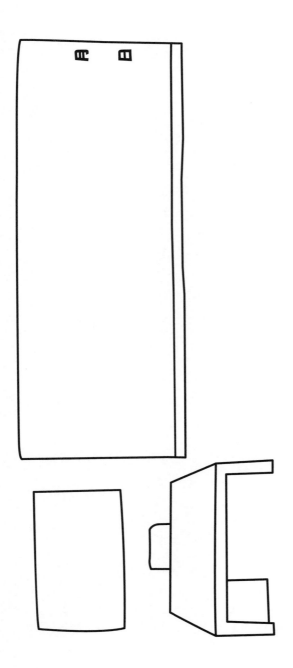

できたぞ！　やったぁ！

65 10 いろいろな場面を描こう　いろいろなばめん（えんそく）

なまえ [　　　　　　　　　　　　　　　　]

できたぞ！　やったぁ！

66 10 いろいろな場面を描こう　いろいろなばめん（うんどうかい）

なまえ[　　　　　　　　　　　]

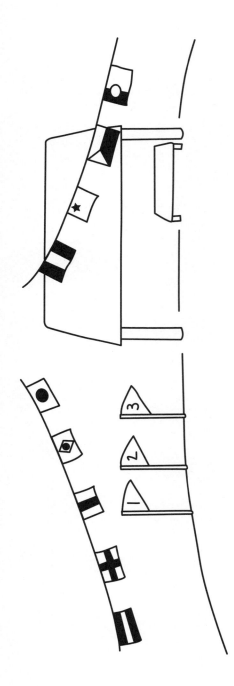

できたぞ！　やったぁ！

67
10 いろいろな場面を描こう　**いろいろなばめん（とうこう）**

なまえ [　　　　　　　　　　　　　　　　　　　　　]

できたぞ！　　やったぁ！

解答&解説

10 いろいろな場面を描こう

活動内容：いろいろな場面の絵を完成させる
ねらい：過去の経験を振り返り思い出す力，対人意識，イメージする力，社会性，描画の力

❋ 育つ力

◎ソーシャルスキルの基礎
・過去の経験を振り返り思い出す力
・対人意識
・イメージする力
・社会性
・描画の力

❋ 使い方

　運動会や休み時間など，自分の馴染みのある集団場面の絵を完成させます。あらかじめ描かれた絵を手掛かりに，他の友だちとかかわる様子をいきいきと表現するなど，人物を中心に描いていきます。
　絵の完成度よりも，全体の中で子どもたちがどのように過ごしているか，という点を大切にします。

❋ こんな子どもへの手立て

☹ どのように描いたらよいかわからない子
↪休み時間など，普段自分がどのように過ごしているかを皆と一緒に話し合いましょう
↪話し合って，子どもたちから出てきた内容を，指導者が簡単に絵で描きこんでいきます（最初は，その絵を見ながら子どもに写させるとよいでしょう⇒「休み時間に，僕は○ちゃんと一緒にサッカーをしてるんだよ」など）
↪それでもイメージすることが難しいときは，指導者が描きこんだ中の一部だけ，子どもに描かせるとよいでしょう（どの程度描かせるかは，子どもの様子を見ながら決めます）

☺ 場面に合った絵を描くことができる子
↪絵の内容をことばで説明させたり，文章で書かせたりしましょう
↪同じ場面で，別の内容を描かせましょう（「休み時間⇒ボール遊び，おにごっこ，砂遊び」など）
↪友だちとのトラブルが生じた場面の絵を描かせ，どのように対処したかを話し合いましょう
　（例）「仲良しの太郎くんとけんかをしてしまい，たかしくんはさびしそうに家に帰った」

❋ 関連した活動

・絵日記，日記
・作文（テーマを決めた話作り）
・4コマ漫画

❋ 採点のポイント

　皆の中での自分の振舞い方を意識しているか，他児との関係性を表しているか，わかりやすく絵を描くことができたか，に注意しながら採点します。

【解答（例）】
→次ページ

(62) いろいろなばめん（やすみじかん）

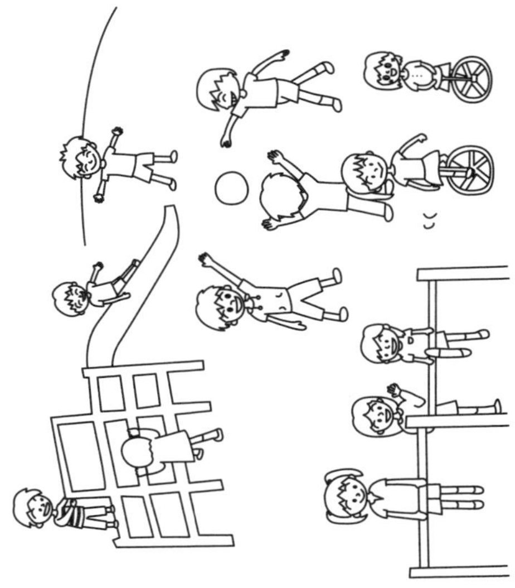

(63) いろいろなばめん（プール）

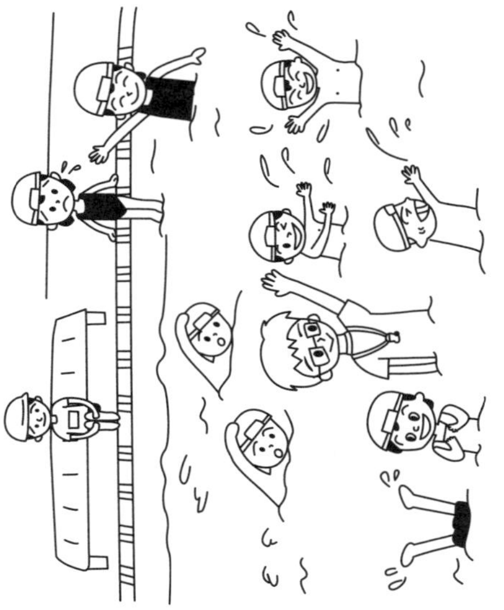

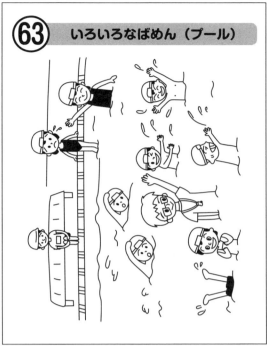

(64) いろいろなばめん（そうじ）

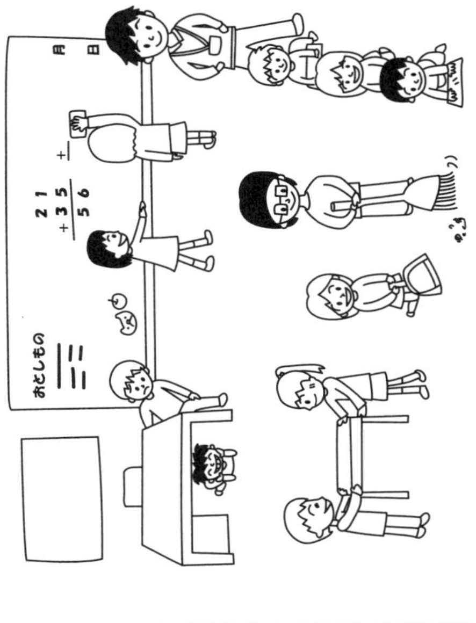

(65) いろいろなばめん（えんそく）

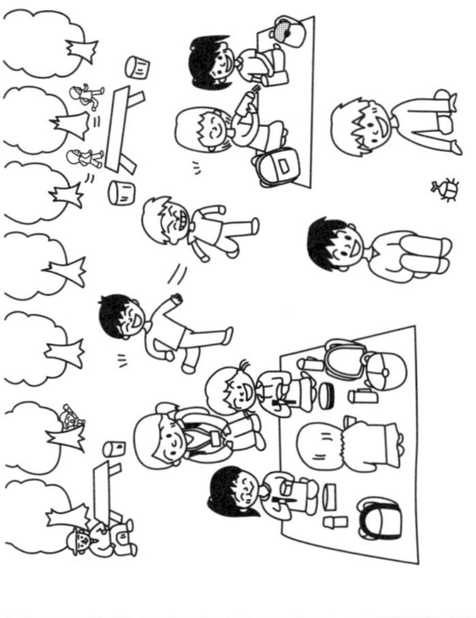

ポイント

まずは，登場人物をできるだけ多く描くよう働きかけましょう（描きながら，いろいろなタイプの子ども，大人がいることを意識させます）。

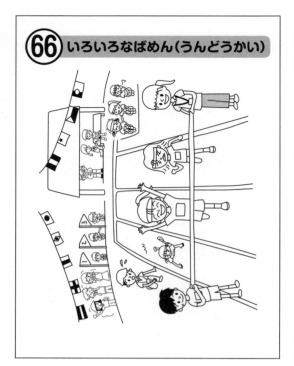

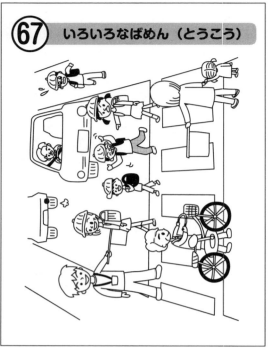

ポイント

描くことに慣れてきたら,登場人物同士のやりとりを意識して描くように働きかけます(みんなで協力する,グループ行動を行う,一緒に遊ぶ・ふざける,競い合う,など)。

68 11 こんなときどうする　こんなとき どうする？1

なまえ [　　　　　　　　　　　　　]

◎ ふざけて　たたいたら　友だちが　おこった。
どうしよう？

できたぞ！　やったぁ！

69 こんなとき どうする？2

11 こんなときどうする

なまえ [　　　　　　　　　　　　]

◎ すぐ近くで 大きな声を 出している子がいる。
どうしよう？

70 11 こんなときどうする　こんなとき どうする？３

なまえ [　　　　　　　　　　　　　]

◎ じゅぎょう中　おなかが　いたくなった。
　どうしよう？

できたぞ！　　　やったぁ！

71　11 こんなときどうする　　**こんなとき どうする？４**

なまえ [　　　　　　　　　　　　　　]

◎　大きな荷物をもった　おばあさんが　どうろを　わたろうとしていた。　どうしよう？

できたぞ！　　やったぁ！

72　こんなとき どうする？５

11 こんなときどうする

なまえ [　　　　　　　　　　　　　]

◎　雨がふってきたのに　となりの家が　せんたく物を　ほしたままだった。どうしよう？

できたぞ！　　やったぁ！

73 11 こんなときどうする　こんなとき どうする？6

なまえ [　　　　　　　　　　　　　　]

◎　図書室で　本を借りようとしたら　友だちも　同じ本を　借りようとしていた。　どうしよう？

74 11 こんなときどうする　こんなとき どうする？7

なまえ [　　　　　　　　　　　　　　　]

◎ 友だちの家に　遊びに行ったら　お母さんが
　ジュースを　出してくれた。どうしよう？

できたぞ！　やったぁ！

111

75 11 こんなときどうする　　こんなとき どうする？8

なまえ〔　　　　　　　　　　　　　　　〕

◎　友だちの　背中を見たら　シャツが出ていた。
　　どうしよう？

できたぞ！　　やったぁ！

76 こんなとき どうする？9

11 こんなときどうする

なまえ[　　　　　　　　　　　]

◎ 友だちから 借りていた マンガを よごして しまった。 どうしよう？

できたぞ！　やったぁ！

77 こんなとき どうする？10

11 こんなときどうする

なまえ [　　　　　　　　　　　]

◎ ボール遊びをしていたら　歩いてきたおじさんに
ボールが　ぶつかってしまった。　どうしよう？

できたぞ！　やったぁ！

78 こんなとき どうする？11

11 こんなときどうする

なまえ [　　　　　　　　　　　　　]

◎ 好きなテレビを　見ていたら　お母さんに
おつかいを　たのまれた。　どうしよう？

できたぞ！　　やったぁ！

79

11 こんなときどうする

こんなとき どうする？12

なまえ [　　　　　　　　　　　]

◎ 公園で　ひとりで遊んでいたら　ころんで
　ひざから　血が出てしまった。　どうしよう？

できたぞ！　やったぁ！

解答&解説

11 こんなときどうする

活動内容 絵を見て，文章で状況を説明する
ねらい 状況の理解，登場人物同士の関係性・気持ちの理解，イメージする力，他者視点，作文の力

❋ 育つ力

◎ソーシャルスキルの基礎
・状況の理解
・登場人物同士の関係性
・登場人物の気持ちの理解
・イメージする力
・他者視点
・作文の力

❋ 使い方

　問題文を読み，絵を見て，登場人物の心情を察しながら，解決策を文章で説明します。
　なぜそのような状況になったのか，どうすれば皆が納得し，よい形でその場が収まるのか，という視点を大切にしましょう。

❋ こんな子どもへの手立て

☹状況を理解することが難しい子
➥指導者が，場面や状況を説明し，登場人物がなぜそのような気持ちになったのかを話し合います
（困っている人がどうして欲しいのか，を中心に話し合いましょう）
➥それでも理解が難しいときは，指導者同士がその場面を演じて見せましょう
（登場人物の気持ちを，表情やことばを工夫して，わかりやすく表現します）

☹文章で表現することが難しい子
➥いろいろな形で作文の力を身につけさせます
（「いつ，どこで，だれが，何をした」など(※)，場面を構成している要素をピックアップする練習，4コマ漫画を文章で説明する練習，「お母さんぞうは大きい。けれども〔　　　〕」など文章の続きを書く練習，などを行いましょう）

※参考文献
『＜特別支援教育＞学びと育ちのサポートワーク3　国語「書く力，考える力」の基礎力アップ編』（明治図書，加藤博之著）

☺上手に説明文を作成できるようになった子

➥登場人物の絵にそれぞれ吹き出しを付けて，セリフを記述させましょう
➥別の説明を考えてみましょう
（友だちが怒った⇒①僕が強く叩き過ぎたから，②叩きながら友だちが嫌がることを言ったから，など）
➥新たな問題作りを行い，皆と発表し合いましょう

❋ 関連した活動

・作文（「今日楽しかったこと」「嫌な気持ちになったこと」「友だちとうまくいったこと」など，心情的なもの）
・絵日記，日記

❋ 採点のポイント

　登場人物一人ひとりの気持ちをよく理解しているか，わかりやすく文章表現ができているか，に注意しながら採点します。

【解答（例）】
→次ページ

こんなとき どうする？1

◎ ふざけて たたいたら 友だちが おこった。
　どうしよう？

「ごめんね」とあやまって，ふざけていても
友だちをたたいたらダメだと反省する。

こんなとき どうする？2

◎ すぐ近くで 大きな声を 出している子がいる。
　どうしよう？

みんなが迷惑するから，もう少し小さな声で
話してくれるように，相手に伝える。

こんなとき どうする？3

◎ じゅぎょう中 おなかが いたくなった。
　どうしよう？

先生に，おなかがいたくなったことを伝える。
いたくて，大きな声が出せないときは，近くの
友だちに言って，先生を呼んでもらう。

71 こんなとき どうする？4

◎ 大きな荷物をもった おばあさんが どうろを
　わたろうとしていた。 どうしよう？

おばあさんに声をかけて，荷物を持って
横断歩道をいっしょに渡りましょうか，と
たずねる。

ポイント
　描かれた場面がわかりにくいときは，大人同士が演じて見せ，内容を理解させてから考えさせます（その際，必要に応じてセリフを入れて，少し大袈裟に演じるとよいでしょう）。

⑫ こんなとき どうする？５

◎ 雨がふってきたのに となりの家が せんたく物を ほしたままだった。どうしよう？

急いでとなりの家に行って，「雨がふって
きましたよ。せんたく物が出てますよ」と
知らせる。

⑬ こんなとき どうする？６

◎ 図書室で 本を借りようとしたら 友だちも 同じ本を 借りようとしていた。どうしよう？

友だちに「その本，僕も借りたいんだ。
君が読み終わったら，次に借りるね」
と伝える。

⑭ こんなとき どうする？７

◎ 友だちの家に 遊びに行ったら お母さんが ジュースを 出してくれた。どうしよう？

「ありがとうございます」とお礼を言ってから
ジュースをいただく。飲み終わったら
「ごちそうさまでした」と伝える。

⑮ こんなとき どうする？８

◎ 友だちの 背中を見たら シャツが出ていた。どうしよう？

小さい声で，こっそり「○○くん，背中から
シャツが出てるよ」と教えてあげる。

ポイント
文章化することが難しいときは，登場人物一人ひとりに吹き出しをつけ，セリフを書かせてみましょう（その吹き出しをもとに，文章を考えさせます）。

㊻ こんなとき どうする？9

◎ 友だちから 借りていた マンガを よごして しまった。どうしよう？

| 飲み物をこぼして，マンガをよごしてしまった |
| ことを正直に伝え，気持ちをこめて |
| 「ごめんなさい」とあやまる。 |

㊼ こんなとき どうする？10

◎ ボール遊びをしていたら 歩いてきたおじさんに ボールが ぶつかってしまった。どうしよう？

| おじさんに「ごめんなさい」とあやまる。 |
| 人が通らない場所に移動して，まわりに気をつけて |
| ボール遊びをする。 |

㊽ こんなとき どうする？11

◎ 好きなテレビを 見ていたら お母さんに おつかいを たのまれた。どうしよう？

| テレビを見終わってからでいいか，お母さんに聞く。 |
| もう少しで終わりそうなときは，「もうすぐ終わるから |
| 少し待ってね」と言う。または，きりがいいところまで |
| 見てから，おつかいに行く。 |

㊾ こんなとき どうする？12

◎ 公園で ひとりで遊んでいたら ころんで ひざから 血が出てしまった。どうしよう？

| 周りに人がいたら，けがしたことを伝える。 |
| 知っている人だったら，家の人を呼んできてもらう。 |
| だれもいなかったら，気をつけて家に帰る。 |

ポイント

相手の気持ちを読み取るのが難しいときは，「相手が喜ぶためにはどうすればよいかな」と投げかけ，子どもと一緒に意見を出し合うとよいでしょう。

80 12 自分のこと，友だちのこと　じこしょうかい（おとこの子）

なまえ [　　　　　　　　　　　　　　　　]

できたぞ！　　やったぁ！

⑧1　12 自分のこと，友だちのこと　　**じこしょうかい（おんなの子）**

なまえ [　　　　　　　　　　　　　　]

できたぞ！　　やったぁ！

84 ぼくときみ（おとこの子）

12 自分のこと，友だちのこと

なまえ [　　　　　　　　　　　　　　　]

◎ 自分と友だちのちがうところを見つけましょう

自分　なまえ [　　　　]	友だち [　　　　]くん

できたぞ！　　やったぁ！

85 12 自分のこと，友だちのこと　わたしとあなた（おんなの子）

なまえ [　　　　　　　　　　　　　　　　　　　　　]

◎　自分と友だちのちがうところを見つけましょう

自分 なまえ [　　　]	友だち [　　　]さん
------------- -------------	------------- -------------
------------- -------------	------------- -------------
------------- -------------	------------- -------------

できたぞ！　　やったぁ！

解答&解説

12 自分のこと，友だちのこと

活動内容：自分や友だちのことをいろいろ書く
ねらい：自己理解，自己評価，対人意識，他者視点，自己と他者の共通点と相違点の理解

❋ 育つ力

◎ソーシャルスキルの基礎
・自己理解
・自己評価
・対人意識
・他者視点
・自己と他者の共通点と相違点の理解

❋ 使い方

　子ども同士で話し合い，自分のことや馴染みのある友だちのことを，文章で詳しく説明します。

　また，自分と友だちの共通点と相違点について考えます（「僕も○ちゃんも，休み時間にドッジボールをするのが大好きだ」「僕は水泳が得意だけど，○ちゃんは走ることが得意だ」など）。

❋ こんな子どもへの手立て

☹**自分のことや友だちのことをなかなか書けない子**
↳子ども同士で話し合いが難しい場合は，指導者が仲介役となり話し合わせましょう
↳話し合った内容を指導者がわかりやすい文章で箇条書きし，その中から本人に選択させて，吹き出しに書かせます

☹**自分と他児の共通点，相違点がなかなか思い浮かばない子**
↳1つずつテーマを決め，それについて指導者と一緒に話し合いましょう
（「好きな勉強は？」⇒「僕は算数が好きで，○ちゃんは音楽かな」，「兄弟はいる？」⇒「僕はお兄ちゃんがいて，○ちゃんは妹がいるよ」など）
↳話し合いだけでは難しいときは，テーマごとにボード等に記述していきます（図表のようにわかりやすく）

☺**どの項目も上手に書くことができる子**
↳書いたものを使って，発表形式で，自己紹介や，友だち紹介を行いましょう
↳自分と友だちがなぜ仲良しなのかを考えさせ，文章にまとめさせましょう
↳友だちのことを書いた後，他にも何かあるか，相手に直接聞いてみるとよいでしょう

❋ 関連した活動

・作文
・手紙
・4コマ漫画

❋ 採点のポイント

　自分や友だちのことをよく理解しているか，そのことをポジティブに捉えているか，に注意しながら採点します。

【解答（例）】

→次ページ

ポイント

自己紹介の書き方がよくわからないときは,大人が例文を作って見せ,それをもとに考えさせるとよいでしょう(その際,内容がパターン化しないよう,複数の例を提示します)。

㊾ ぼくときみ（おとこの子）

◎ 自分と友だちのちがうところを見つけましょう

自分　なまえ〔〇　〇〕	友だち〔△　△〕くん
好きなくだものは，りんごとバナナです。	好きなくだものは，メロンとパイナップルです。
夏休みは，毎日サッカーの練習をがんばります。	夏休みは，山形のおじいちゃんの家でたくさんあそぶ予定です。
ぼくは，少しはずかしがりやなので，できるだけたくさんの友だちと話したいです。	いつもげんきいっぱいで，みんなをわらわせるのが得意です。

㊿ わたしとあなた（おんなの子）

◎ 自分と友だちのちがうところを見つけましょう

自分　なまえ〔〇　〇〕	友だち〔△　△〕さん
私はボール投げが得意なので，スポーツはバスケットボールが好きです。	足がとてもはやいので，運動会ではいつもリレーのせんしゅになります。
お母さんに教えてもらいながら，あみものをするのが楽しみです。	本が好きで，ときどき図書かんで本を借りています。
どうぶつが大好きなので，しょうらい，動物のお医者さんになりたいです。	お母さんが，いつもおいしいケーキを作ってくれるので，ケーキ屋さんになりたいです。

ポイント
なかなか友だちのことが思い浮かばないときは，大人と一緒に友だちのことを話し合い，子どもから出された意見をわかりやすく箇条書きしてあげるとよいでしょう。

【著者紹介】

加藤　博之（かとう・ひろゆき）

筑波大学大学院教育研究科修了。埼玉県内の小学校・特別支援学校及び昭和音楽大学の専任教員を経て，現在，発達支援教室ビリーブ代表。文教大学非常勤講師。学校心理士。ガイダンスカウンセラー。認定音楽療法士。

［著書］『障害児の音楽表現を育てる』『音楽の授業における楽しさの仕組み』（共著，日本音楽教育実践学会編，音楽之友社），『子どもの豊かな世界と音楽療法』『子どもの世界をよみとく音楽療法』『発達の遅れと育ちサポートプログラム』『学びと育ちのサポートワーク１　文字への準備・チャレンジ編』『学びと育ちのサポートワーク２　かずへの準備・チャレンジ編』『学びと育ちのサポートワーク３　国語「書く力，考える力」の基礎力アップ編』『学びと育ちのサポートワーク４　算数「操作して，解く力」の基礎力アップ編』（加藤博之著，いずれも明治図書出版），『音楽療法士になろう！』『障がい児の子育てサポート法』（加藤博之・藤江美香著，青弓社）など。

《発達支援教室ビリーブ（株式会社ビリーブ）》
住所：埼玉県北足立郡伊奈町学園２丁目73番地
TEL&FAX　048－674－6610
E-mail　　info@believe-kids.com
HP　　　　http://www.believe-kids.com

［表紙デザイン・本文イラスト］まつだみやこ

＜特別支援教育＞学びと育ちのサポートワーク　５
ソーシャルスキル「柔軟性」アップ編

2015年３月初版第１刷刊	©著　者	加　藤　博　之
2021年５月初版第７刷刊	発行者	藤　原　久　雄
	発行所	明治図書出版株式会社

http://www.meijitosho.co.jp
（企画）佐藤智恵　（校正）増渕　説
〒114-0023　東京都北区滝野川7-46-1
振替00160-5-151318　電話03(5907)6704
ご注文窓口　電話03(5907)6668

＊検印省略　　組版所　中　央　美　版

教材部分以外の本書の無断コピーは，著作権・出版権にふれます。ご注意ください。

Printed in Japan　　　　　　　ISBN978-4-18-181426-7

＜特別支援教育＞ 学びと育ちのサポートワーク

好評シリーズ

1 文字への準備・チャレンジ編

●加藤　博之著　　0874　B5判・120ページ／本体2060円+税

文字学習開始期のスモールステップな学習ワーク集。つまずく子どもへの手立てや関連した学習活動等、詳しい解説付き。

＜内容＞ 線なぞり・点結び／迷路／ぬり絵／簡単な形の模写／絵画完成／形・絵のマッチング／仲間集め／文字を探す／他全86ワーク

2 かずへの準備・チャレンジ編

●加藤　博之著　　0875　B5判・118ページ／本体2060円+税

かず学習開始期のスモールステップな学習ワーク集。つまずきやすい課題は特に少しずつ変化させた多彩なワークを収録。

＜内容＞ いろいろな線に親しむ／同じ形をさがす／ぬり絵／模写ワーク／形の順番の迷路／大きさを比べる／一対一対応／他全81ワーク

3 国語「書く力, 考える力」の基礎力アップ編

●加藤　博之著　　0876　B5判・130ページ／本体2200円+税

国語学習の基礎的な書く力、考える力を育てる学習ワーク集。知識の獲得や増大だけでなく、イメージする力を育てます。

＜内容＞ カタカナで書こう／どこかたりないね／しりとりを作ろう／ことばの仲間集め／文を完成させよう／反対ことば／他全85ワーク

4 算数「操作して, 解く力」の基礎力アップ編

●加藤　博之著　　0877　B5判・128ページ／本体2260円+税

算数学習につまずきのある子のためのスモールステップな学習ワーク集。算数の初期学習でつまずきがちな10の領域で構成。

＜内容＞ 数の合成・分解／いろいろな文章題／絵をかいて考えよう／お金の計算／いろいろな数え方／形に慣れよう／線の長さ／他全85ワーク

明治図書　携帯からは**明治図書MOBILE**へ　書籍の検索、注文ができます。
http://www.meijitosho.co.jp　＊併記4桁の図書番号（英数字）でHP、携帯での検索・注文が簡単に行えます。
〒114-0023　東京都北区滝野川7-46-1　ご注文窓口　TEL (03)5907-6668　FAX (050)3156-2790

＊価格はすべて本体価格表示です。